Wissenschaft im Dialog
Kooperative Forschungsstelle Technikstress (KFT)
Herausgeberin: PD Dr.-Ing. habil. Dr. paed. Annette Hoppe

Mittelpunkt Mensch?!

Band 7

Aus der Reihe:
Arbeit und Technik im Wandel

Shaker Verlag
Düren 2025

Bibliografische Information der Deutschen Nationalbibliothek
Die Deutsche Nationalbibliothek verzeichnet diese Publikation in der Deutschen Nationalbibliografie; detaillierte bibliografische Daten sind im Internet über http://dnb.d-nb.de abrufbar.

Printed in Germany.

Print-ISBN 978-3-8191-0336-0
PDF-ISBN 978-3-8191-0299-8
ISSN 2195-321X
eISSN 3053-6456
https://doi.org/10.2370/9783819102998

Shaker Verlag GmbH • Am Langen Graben 15a • 52353 Düren
Telefon: 02421 / 99 0 11 - 0 • Telefax: 02421 / 99 0 11 - 9
Internet: www.shaker.de • E-Mail: info@shaker.de

INHALT

Vorwort der Herausgeberin ... 3
Annette HOPPE

Strategien für die Arbeitswelt von morgen

Kultur braucht Kontakt – Wie wir in Zeiten der Digitalisierung als Unternehmen zusammenbleiben ... 7
Jörg WANIEK

Digitalisierung im Gesundheitswesen – Chancen, Herausforderungen und Lösungsstrategien am Beispiel der MUL-CT ... 19
Martin PEUKER

Arbeit im Wandel: Menschenzentrierte Gestaltung in der digitalen Transformation ... 29
Sascha WISCHNIEWSKI, Patricia TEGTMEIER, Matthias HARTWIG, Patricia H. ROSEN

Die Mensch-Maschine-Schnittstelle in kritischen Infrastrukturen - Systemintegrierte Umsetzung in der Praxis ... 37
Thomas KRAMSER

Und wer arbeitet morgen? KI, Mensch – oder beide? ... 49
Elisabeth IBENTHAL

Digitalisierung in der Wohnungswirtschaft ... 57
Sebastian HERKE

Gesündere Industriearbeit durch Arbeitssysteme, die sich physisch an den Menschen anpassen ... 67
Sebastian SCHLUND, David KOSTOLANI

INHALT

Forschung für die Arbeitswelt von morgen

Wahrnehmungszentrierte Führung in der digitalen Transformation – Ein konzeptioneller Beitrag zur Gestaltung von Führung in industriellen Veränderungsprozessen 77
Lukas BURCHARD

Arbeitswerkzeug KI in der Informationssicherheit – Fluch und Segen zu gleich? 89
Dominique KNEBEL

Kompetenzanforderungen beim Einsatz kollaborativer Schweißroboter: Eine konzeptionelle Vorstudie 99
David SAUER, Matthias SCHMIDT

Informationskanäle und arbeitswissenschaftliche Gestaltung in der Kleinserienfertigung unter Verwendung autonomer Schweißtechnologie 107
Rico GANßAUGE, Lukas BURCHARD, Roberto KOCKROW

Welche Rolle spielt der Mensch (noch) im Zeitalter der Automatisierung und Künstlichen Intelligenz? 119
Alexander EZZELDIN

Humanoide Roboter in der Bauindustrie: Potenziale, Herausforderungen und die Rolle der Arbeitswissenschaft 131
Lukas BURCHARD, Roberto KOCKROW, Rico GANßAUGE

INHALT

Arbeitsforschung für den Lausitzer Strukturwandel

Arbeitswissenschaft beteiligungsorientiert gestalten: Formate für unterschiedliche Zielgruppen in regionalen Transformationsprozessen 145

Claudia GRAF-PFOHL, Sarah KELSCHEBACH, Katrin MEUSINGER, Simon FRONCZEK, Jörg ENGELMANN

Tätigkeitsveränderungen durch Einsatz von datenbasierten Assistenzsystemen 157

Gritt OTT, Michael GÜHNE, Martin HAHMANN

Wandel durch kooperative Automatisierung – Implikationen für die Arbeitsforschung im Spannungsfeld Mensch und Technik 169

Katharina MÜLLER-EPPENDORFER, Sebastian ROCH, Christian SCHMIDT, Julia ZÄHR, Leif GOLDHAHN

Adaptives Lernmanagement zur Förderung organisationalen Lernens in Unternehmen. Anforderungen, Voraussetzungen und Potenziale - ein Scoping Review 179

Susan PELZECKER, Fabian DIETRICH, Sebastian JUNGHANS, Sarah KELSCHEBACH, Theresia ZIMMERMANN

Vorwort der Herausgeberin

Annette HOPPE

Email: hoppe@b-tu.de

Mit diesem Buch liegt nun schon der 7. Band der Reihe „Wissenschaft im Dialog“ der Kooperativen Forschungsstelle Technikstress (KFT) der BTU Cottbus-Senftenberg vor. Begonnen hatte diese Reihe mit dem Fokus auf „Arbeit und Technik im Wandel“. So wurden unter verschiedenen aktuellen Arbeitstiteln in Fachtagungen und Buchveröffentlichungen, ausgewählte einzelne Aspekte thematisiert und aus unterschiedlicher Sicht beleuchtet. Dabei machten gerade die verschiedenen Autoren und Fachgebiete das Spannungsfeld dieser gesellschaftlichen Entwicklung auf besondere Art und Weise deutlich.

Der Mensch als Auslöser, Ideengeber und Gestalter aber auch Nutzer, Verweigerer und vielleicht sogar Gegner von technischen Neuerungen sollte beleuchtet und in den Mittelpunkt der wissenschaftlichen Auseinandersetzung gestellt werden. Das gelang in sehr interessanter Art und Weise und so ist dieser neue Band auch mit dem Titel: „Mittelpunkt Mensch?!“ wieder ein Buch, das mit seinen Beiträgen Fragen aufwirft und versucht Antworten zu geben.

Der inhaltliche Bogen spannt sich diesmal von Aspekten der Unternehmenskultur im digitalen Wandel, über Fragen zur Digitalisierung im Gesundheitswesen, der politischen Sicht auf den Wandel in der Arbeitswelt, der wissenschaftlichen Auseinandersetzung mit Widersprüchen bis hin zur Frage nach dem Platz des Menschen in diesem Wandel. Wieder sind ganz unterschiedliche Sichten der Autoren aus vielen Fachgebieten der systemische Ansatz dieser Reihe.

Und somit stellt dieser Band auch wieder in guter Tradition das gemeinsame Anliegen vor, bei aller Euphorie für die Entwicklung neuer Technologien den Menschen stets in den Mittelpunkt dieser Entwicklung mit zu denken und hineinzustellen.

Ich wünsche viele interessante Eindrücke beim Lesen.

Annette Hoppe

Die Herausgeberin des vorliegenden Buches
Im November 2025.

Strategien für die Arbeitswelt von morgen

Kultur braucht Kontakt – Wie wir in Zeiten der Digitalisierung als Unternehmen zusammenbleiben

Jörg Waniek

Arbeitsdirektor und Personalvorstand
Lausitz Energie Bergbau AG, Lausitz Energie Kraftwerke AG
Leagplatz 1, 03050 Cottbus
Telefon +49 (0)355 2887-3300, E-Mail: joerg.waniek@leag.de

Kurzfassung: Remote-Arbeit, hybride Strukturen und Digitalisierung verändern Unternehmenskultur und Führung nachhaltig. Der Beitrag zeigt, wie Vertrauen und Anerkennung auch auf Distanz erhalten, neue Mitarbeitende integriert und digitale Lernwelten in der Ausbildung etabliert werden können. Ein umfassendes Beispiel aus der gewerblich-technischen Ausbildung der LEAG illustriert, dass digitale Tools nur dann ihre Wirkung entfalten, wenn sie mit einer aktiven Kulturarbeit verbunden sind. Abschließend wird ein Ausblick gegeben, warum Unternehmenskultur in der kommenden Ära von Künstlicher Intelligenz wichtiger denn je ist.

Schlüsselwörter: Remote-Arbeit, Unternehmenskultur, Ausbildung, Digitalisierung, Künstliche Intelligenz

1. Einleitung

Die Corona-Pandemie hat die Arbeitswelt tiefgreifend verändert. Digitalisierung und Remote-Arbeit wurden vielerorts zum Standard und stellten Unternehmen vor die Herausforderung, ihre Kultur auch über Distanz hinweg zu bewahren. Viele Unternehmen waren gezwungen, ihre Prozesse massiv umzugestalten – und die in dieser Zeit gewonnenen Erfahrungen haben unsere Arbeitswelt nachhaltig verändert. Aktuelle Studien zeigen deutlich, dass eine vollständige Rückkehr ins Büro eher die Ausnahme ist. Trotz der deutlich vernehmbaren Rufe „Zurück ins Büro!“ setzen weniger als 20 % der Unternehmen noch auf komplette Präsenz. Vielmehr werden häufig hybride Arbeitsmodelle angeboten, bei denen Mitarbeitende an zwei bis drei Tagen pro Woche am festen Arbeitsplatz sind.

Flexible Arbeitsformen finden ihre Grenzen dort, wo Produktionsprozesse – wie etwa im Bergbau und der Energiewirtschaft - örtlich gebunden sind, oder wo persönliche Kooperation, kreativer Austausch oder direkte Führung besonders wichtig sind. Der Arbeitsplatz vor Ort steht daneben aber auch für die Festigung des Team Spirit oder auch das schnelle und erfolgreiche Onboarding neuer Mitarbeitender.

Besonders herausfordernd ist diese Entwicklung in Branchen wie der Energie- und Bergbauindustrie, wo administrative und gewerblich-technische Beschäftigte in einem Unternehmen zusammenarbeiten. Hier gilt es, eine Kultur zu gestalten, die beiden Realitäten gerecht wird. Ganz unabhängig vom Arbeitsort entsteht eine positive Unternehmenskultur dort, wo Verlässlichkeit, Dialog und gemeinsame Ziele gelebt werden. Ohne eine solche Kultur lassen sich die Vorteile von Flexibilisierung und Digitalisierung nur eingeschränkt nutzen.

2. Vertrauen statt Kontrolle, Ergebnisorientierung statt Präsenzbewertung

Viele Studien belegen, dass Remote-Arbeit die Arbeitszufriedenheit steigert, wenn sie mit Vertrauen und einer ergebnisorientierten Führung einhergeht. Statt „Abrechnung" von kleinteilig gesetzten Zielen und klassischer Präsenzkontrolle muß auf Zielvereinbarungen und messbare Ergebnisse umgestellt werden. Ohne klar geäußerte Erwartungen, regelmäßige Feedbackgespräche und neue Instrumente zur Leistungstransparenz kann dies nicht funktionieren. Vertrauen ist das Fundament von Flexibilität: Wer loslassen kann, erntet Motivation. In einer solchen Unternehmenskultur müssen Führungskräfte aber dennoch den Überblick behalten.

Die klassische Präsenzkontrolle ist in ihrer Wirkung ohnehin begrenzt; bei in Folge der Digitalisierung möglichen hybriden Arbeitsmodellen gilt dies noch mehr. Dort ist statt kleinteiliger Aufgabenabrechnung Zielklarheit nötig, zudem regelmäßiges Feedback und transparente Erfolgsmessung. Der Fokus liegt auf der Bewertung von Ergebnissen und dem Abgeben von Verantwortung, nicht auf Überwachung. Es werden Ergebnisse nachgehalten und kontrolliert, nicht Menschen.

Vertrauen geht dabei Hand in Hand mit Sicherheit: Mitarbeitende brauchen ein Umfeld, in dem sie sich trauen, Fehler zuzugeben, Fragen zu stellen und eigene

Wege vorzuschlagen – ohne Angst vor negativen Konsequenzen. Nur so entsteht echte Eigenverantwortung. Führungskräfte müssen diesen Raum aktiv gestalten: durch klare Kommunikation, regelmäßiges positives Feedback und – ganz entscheidend – durch Vorbildverhalten. Wer offen mit eigenen Fehlern umgeht, lädt andere ein, das Gleiche zu tun.

Eine positive Fehlerkultur ist kein weiches Thema, sondern entscheidend für Lernfähigkeit und Innovationskraft. Fehler sind Lernchancen – für Einzelne und Teams. In vertrauensvollen Umgebungen steigt die Risikobereitschaft, neue Wege zu gehen, sich auszuprobieren, und nach gangbaren Lösungen zu suchen. Das ist nicht nur kulturell wertvoll und verbessert Produktivität und Arbeitgeberbindung, zudem schärfen wir so unser Profil als ein Unternehmen, das sich in der Energiewende einem massiven Transformationsprozess unterziehen muss.

Bei LEAG fördern wir Vertrauen konkret durch verbindliche Kommunikationskanäle (Videokonferenzen, Teams-Chat, Mitarbeiterplattform), durch transparente Zielvereinbarungen und regelmäßige Feedbackformate wie z.B. strukturierte Mitarbeitergespräche, in denen auch das „Lernen aus dem Scheitern" einen festen Platz hat. Führungskräfte werden geschult, wertschätzenden Umgang miteinander und damit auch psychologische Sicherheit bewusst zu gestalten – als Teil ihrer Verantwortung für die Unternehmenskultur und die Teamleistung.

3. Wertschätzung zahlt sich aus – kulturell und wirtschaftlich

Zufriedene Mitarbeiter sind bessere Mitarbeiter. Die Studie „Happiness and Productivity" von Prof. Andrew Oswald, University of Warwick, bei der vier kontrollierte Experimente mit über 700 Teilnehmern durchgeführt und analysiert wurden, zeigt, dass zufriedene Mitarbeiter 12% produktiver als andere sind – ohne Abstriche bei der Qualität. Sie arbeiten schneller, nutzen ihre Zeit effektiver und bleiben dabei präzise. Die Studie liefert kausale Belege, dass Zufriedenheit und Wohlbefinden direkte Leistungstreiber sind – auch für klassische ökonomische Kennzahlen.

Dies bestätigt sich auch im Unternehmensvergleich. Das Wellbeing Research Centre der University of Oxford hat 2023 in der weltweit größten Studie zum

Zusammenhang zwischen Mitarbeiterwohlbefinden und Unternehmensleistung festgestellt, dass die 100 glücklichsten Unternehmen im Schnitt um 20 % mehr Kapitalrendite erwirtschaften. Die Datenbasis hierfür waren über 15 Millionen über die globale Online-Jobbörse Indeed seit 2019 gesammelte anonyme Rückmeldungen von Mitarbeitern von mehr als 1.600 börsennotierten US-Unternehmen. Die Mitarbeiter teilten darin ihre Einschätzung über vier Schlüsselwerte – Arbeitszufriedenheit, Purpose, Wohlbefinden und Stress – mit.

Diese Daten wurden mit öffentlich zugänglichen jährlichen Jahresabschlussdaten verglichen. Es bestätigte sich, dass ein höheres Maß an Wohlbefinden und Zufriedenheit der Mitarbeiter im Durchschnitt mit einem höheren Unternehmenswert, einer höheren Kapitalrendite und höheren Gewinnen einherging. Mitarbeiter, die Wertschätzung erfahren, sind motivierter und produktiver. Sie verbringen gerne Zeit an ihrem Arbeitsplatz und verbessern dadurch Integration und Innovation. Für Führungskräfte bedeutet dies: Ein Investment in das Wohlbefinden des Teams zahlt sich in Form von Stabilität und Eigenverantwortung aus.

Wer vom Arbeitgeber Wertschätzung erfährt und einen Sinn in seiner Arbeit sieht, ist zudem resilienter und widerstandsfähiger. Der identifikatorische Bezug zur Aufgabe reduziert krankheitsbedingte Ausfälle. Laut einer Gallup-Studie erzielen emotional gebundene Mitarbeitende rund 80 % weniger Fehltage, 64 % weniger Arbeitsunfälle, 41 % weniger Qualitätsmängel und eine um 14 % höhere Produktivität.

Unternehmen ist daher zu raten, nicht nur funktionale Prozesse zu optimieren, sondern parallel dazu gezielt emotionale Rahmenbedingungen zu schaffen, die das Wohlbefinden und damit die Leistungsbereitschaft der Mitarbeiter fördern. Dass hier noch erhebliche Anstrengungen zu unternehmen sind, zeigt der im März 2025 veröffentlichte Gallup Engagement Index. Danach hält der Trend zur abnehmenden emotionalen Bindung der Mitarbeitenden an ihre Arbeitgeber weiter an. Nur neun Prozent der Beschäftigten in Deutschland fühlen sich stark emotional an das Unternehmen gebunden, für das sie aktuell arbeiten, dies sind Im Vergleich zum Vorjahr fünf Prozentpunkte weniger. 78 Prozent der rund 1.700 befragten Arbeitnehmer fühlen sich nur gering an ihren Arbeitgeber gebunden, dies ist eine Zunahme von 11 Prozentpunkten gegenüber dem Vorjahr.

Die Umsetzung dieser Erkenntnisse ist in Zeiten zunehmender Digitalisierung besonders herausfordernd, denn Wertschätzung muss auch auf Distanz spürbar sein. Bei LEAG haben wir deshalb unsere Führungskräfte gezielt im dezentralen Führen geschult. Wie gestalte ich digitale Meetings so, dass sich online neben Effizienz auch ein erkennbarer Team-Spirit spüren lässt? Ist manchmal der Griff zum Handy doch der persönlichere Weg der Ansprache als eine E-Mail? Unterlasse ich ein verdientes Lob für besondere Leistungen, weil ich den in Telearbeit tätigen Mitarbeiter im wahrsten Wortsinn „übersehe“? In einer hybriden Arbeitswelt müssen feste Rituale aktiv gepflegt werden, weil informelle Begegnungen fehlen. Ohne sichtbare Anerkennung sinkt Motivation – das haben wir in der Pandemie besonders deutlich gespürt.

4. Die Gefahr der Entgrenzung

Die Kehrseite der neuen Flexibilität ist die wachsende Gefahr der Entgrenzung. Wenn Arbeit jederzeit und überall möglich ist, verschwimmen die Grenzen zwischen Job und Privatleben. Pausen werden seltener, Überstunden zur Norm – und die ständige Erreichbarkeit führt zu schleichender Überlastung. Remote-Arbeit kann damit genau das Gegenteil dessen bewirken, was sie verspricht: weniger Freiheit, weniger Erholung, weniger Motivation.

Hybride Arbeitsmodelle erfordern ein höheres Maß an Selbstführung – und damit auch neue Formen von Führung durch Vertrauen statt Kontrolle. Wer seine Mitarbeitenden mit digitalen Tools rund um die Uhr erreichen kann, muss bewusst Grenzen setzen: durch klare Absprachen, realistische Zeitfenster und sichtbare Ermutigung zur Abgrenzung. Auch die psychologische Wirkung fehlender sozialer Kontrolle darf nicht unterschätzt werden: Wer sich nicht gesehen fühlt, gerät eher in die Falle permanenter Selbstüberforderung.

Eine Studie des internationalen Personaldienstleisters Robert Half, der insgesamt 300 Manager mit Personalverantwortung in Deutschland befragt hat, zeigt: 69 Prozent der Führungskräfte empfinden es als schwieriger, eine positive Unternehmenskultur zu gestalten, wenn die Mehrheit der Mitarbeitenden im Homeoffice ist – bei kleinen Unternehmen sind es sogar 84 Prozent. Doch die

Lösung liegt nicht in rigider Rückkehr zur Präsenz, sondern in einer klar strukturierten, vertrauensbasierten Arbeitskultur mit klugen Leitplanken.

Bei LEAG haben wir darauf reagiert: Wir verzichten auf jede Form von Erreichbarkeitspflicht außerhalb der Arbeitszeit, vereinbaren mit unseren digital arbeitenden Mitarbeitern feste Rücksprachezeiten, empfehlen die Vereinbarung konkreter, ggf. sogar täglicher Arbeitsziele und ermutigen aktiv zur Einhaltung von Pausen. Unsere Führungskräfte wurden zudem im Programm „Gesundes Führen“ gezielt geschult, um erste Anzeichen von Überlastung zu erkennen – gerade dann, wenn diese sich in der Distanz weniger deutlich zeigen. Dabei helfen uns auch Auswertungen von Nutzungszeiten und digitale Stimmungsbarometer (Pulse Checks), um das Gleichgewicht zwischen Flexibilität und Überforderung zu wahren, auf das es gerade in einer Arbeitswelt besonders ankommt, in der die Grenzen neu gezogen werden.

5. Digitalisierung in der Ausbildung als Praxisbeispiel

Die Herausforderung der Transformation der Energiewirtschaft wird nur mit erheblichen Anstrengungen in der Mitarbeiterqualifizierung, sowohl in der Aus- wie auch in der Weiterbildung gelingen. Angesichts des demographisch bedingten Fachkräftemangels, der in der Lausitz besonders ausgeprägt ist, kommt einer zukunftsorientierten Erstausbildung junger Menschen hohe Bedeutung zu. Die gewerblich-technische und kaufmännische Ausbildung hat in den letzten Jahren erhebliche Fortschritte bei der Digitalisierung gemacht – und zwar nicht durch Technik allein, sondern durch pädagogische Kompetenz und kulturelle Offenheit, sowohl bei Ausbildern wie bei Auszubildenden.

Bereits 2018 haben wir jeden Azubi zum Start ein Tablet, das auch privat genutzt werden kann, überreicht. Dabei achten wir darauf, dass die Geräte sowohl technisch als auch im Ausbildungsalltag langfristig nutzbar sind.

Bereits vor der Pandemie führte LEAG eine digitale Lernplattform (Moodle) ein. Sie ermöglicht den digitalen Zugriff auf Ausbildungsinhalte, aushangpflichtige Informationen, Notfallpläne, digitale Ausbildungsnachweise und sämtliche Unterlagen zur Prüfungsvorbereitung. Besonders in der Corona-Zeit half Moodle, als zentrale

Plattform zu fungieren. Durch Moodle und Teams konnten wir Aufgaben ins Homeoffice verlagern. Präsenzunterricht wurde in geteilten Gruppen mit Hygienemaßnahmen organisiert. Azubis bekamen Aufgabenpakete, dazu Konsultationen per Video.

Doch die Nutzung war und ist ungleich: Manche Ausbilder arbeiten intensiv mit Moodle, andere kaum. Zahlen belegen das: Im März 2025 gab es 288 Anmeldungen bei 495 registrierten Nutzern – eine viel zu geringe Aktivität. Wir sehen den Grund dafür in mangelnder Interaktivität. Deshalb muss mehr „LEAG-Spirit" in das eigentlich gute System: Lernvideos, Gamification-Elemente, Badges als Anreize, zentrale Inhalte je Ausbildungsberuf und KI-gestützte Avatare, die Azubis individuell begleiten. Besonders wichtig ist die Schulung der Ausbilder, denn nur wer sich sicher fühlt, nutzt die Plattform aktiv. Diese Erfahrung bestätigt, dass ein bloßes Digitalisieren von Prozessen ohne gleichzeitige Implementation der Unternehmenskultur nur schwer zum Erfolg führt.

Wir ermuntern unsere Azubis, sich über die eigentlichen Ausbildungsinhalte hinaus zu engagieren und nutzen deren digitales Know-how für das Unternehmen. Seit 2021 betreiben wir einen Instagram-Kanal „leag_ausbildung", der Bewerber informiert und Einblicke in den Ausbildungsalltag gibt. Unsere Azubis wirken aktiv an der Content-Erstellung mit – das steigert Authentizität und Reichweite, die derzeit bereits bei knapp 2.000 Followern liegt.

Auch die gewerblich-technische Ausbildung wird digitaler: Bereits seit 2016 werden LEAG-Azubis an allen Ausbildungsstandorten des Unternehmens im Bereich Additive Fertigung unterrichtet. CAD-Arbeiten und SPS-Programmierung gehören fest zum Ausbildungsplan, ebenso elektronische Klassenbücher.

Trotz dieser Fortschritte sehen wir noch zu überwindende Hürden, bei denen die Ausbildung stellvertretend für das gesamte Unternehmen betrachtet werden kann: Zum Teil geringe Motivation, kurze Aufmerksamkeitsspannen, unterschiedliche Bildungsniveaus und am Ende auch mangelnde Vor- und Nachbereitungszeit der Ausbilder erschweren die weitere Digitalisierung. Eine Unternehmenskultur, dass digitale Prozesse das „new normal" sind, ist noch nicht einheitlich ausgeprägt, auch nicht in der Ausbildung.

Unser Ziel ist es, digitale Tools nicht nur als technisches Hilfsmittel, sondern als Teil einer Kultur des modernen Lernens zu etablieren. Das bedeutet, Ausbilder zu befähigen, attraktive Inhalte zu gestalten, Azubis zu motivieren und den Umgang mit digitalen Medien verantwortungsbewusst zu vermitteln.

Es wird am Beispiel Ausbildung deutlich: Digitale Werkzeuge können den Ausbildungserfolg steigern – aber nur, wenn sie von einer lebendigen Kultur getragen werden.

6. Die doppelte Realität

Die LEAG ist ein Energieunternehmen, das vornehmlich Kohle fördert und Strom produziert. Gewerblich-technische Arbeitsplätze stehen im Vordergrund; im Tagebau und Kraftwerk sind Präsenz und Teamarbeit vor Ort unverzichtbar. Dort geht es um Schichtplanung, Anlagenführung, Arbeitssicherheit, Wetterbedingungen – alles Dinge, die sich nicht remote erledigen lassen. Gleichzeitig arbeiten Verwaltungsbereiche zunehmend flexibel aus dem Homeoffice.

Diese „doppelte Realität“ beschreibt den Gegensatz zwischen den strukturellen Möglichkeiten von Remote-Arbeit im Bürobereich und der unabdingbaren Präsenz in den Produktionsbereichen – ein Spannungsfeld, das kulturell wie organisatorisch aktiv gestaltet werden muss, weil die vermeintlich ungleiche Flexibilität als ungerecht empfunden werden könnte. Es gilt dabei, das Entstehen von Parallelwelten wie auch ein Gegeneinander im Unternehmen zu vermeiden.

Die Unternehmensführung kann das Thema durch Transparenz, neu definierte Flexibilität und bewusst abgebaute Distanz entschärfen. Und auch hier ist ein wertschätzender, kommunikativer Führungsstil geboten, denn gerade bei Mitarbeitern in der Produktion zählt emotionale Verbundenheit.

Neid und Frustration sollten nicht vorschnell mit pauschalen Maßnahmen beantwortet werden, die dann im Einzelfall möglicherweise für Enttäuschung sorgen. Stattdessen empfiehlt es sich, offen zu kommunizieren, aus welchen Gründen manche Rollen nicht remote-fähig sind. Hierbei helfen klare Kriterien für Homeoffice-Zulassungen. Zudem muss verdeutlicht werden, dass es neben Telearbeit auch andere Flexibilitätswerkzeuge gibt und Flexibilität kein „Privileg der Büroangestellten“ ist:

- Berücksichtigung privater Verpflichtungen bei der Schichtplanung
- Schichttausch
- Teilzeitarbeit auch im Schichtbetrieb
- ggf. flexible Arbeitszeiten

Wichtig ist das Signal: Auch Vor-Ort-Beschäftigte brauchen flexible Lösungen. Letztlich helfen auch hier Kommunikation, Vertrauen und Wertschätzung weiter: Regelmäßige, glaubwürdige Anerkennung trägt dazu bei, Spannungen zu mindern.

Auch bei LEAG stehen gewerblich-technische Beschäftigte in besonderem Maße im Spannungsfeld zwischen Digitalisierung und gesundheitlicher Belastung. Diese Sondersituation der „doppelten Realität“ bringt nicht nur organisatorische, sondern auch gesundheitliche Herausforderungen mit sich. Die 2024 veröffentlichte Studie „Are We Yet Sick of New Technologies?“ des ZEW Mannheim in Zusammenarbeit mit den Universitäten Konstanz und Edinburgh zeigt, dass die Digitalisierung nicht alle Beschäftigtengruppen gleich trifft – vor allem im Hinblick auf ihre gesundheitlichen Folgen, die bei Angestellten und Arbeitern zu ungleicher Belastung führen.

Beschäftigte mit wissensintensiven Tätigkeiten (z. B. Büroarbeit) zeigten keine signifikanten gesundheitlichen Einbußen durch neue digitale Technologien. Dagegen führte der Einsatz von KI, IoT oder Big Data bei Arbeitnehmern mit manuellen Tätigkeiten zu schlechterem Gesundheitszustand, höherem Stressniveau und mehr Krankheitstagen. Digitale Technologien erhöhen generell Arbeitskomplexität, Zeit- und Leistungsdruck. Die Studie zeigt jedoch auch, dass gezielte Schulungen und eine unterstützende Unternehmenskultur den Technikstress erheblich verringern können.

Für LEAG ist diese Erkenntnis nicht neu: Unsere Zusammenarbeit mit der Kooperativen Forschungsstelle Technikstress der BTU Cottbus-Senftenberg hat erheblich dazu beigetragen, Arbeitsbedingungen im Zuge der Digitalisierung belastungsmindernd zu gestalten. Konkret helfen zum Beispiel regelmäßige, praxisnahe Schulungen zu digitalen Anwendungen in unserem LEAG-eigenen Qualifizierungszentrum, wertschätzende Begleitung durch Führungskräfte sowie ein psychosozial sicheres Arbeitsumfeld.

Auch hier liegt es im Interesse der Unternehmen, frühzeitig gegenzusteuern, um langfristige Folgen wie sinkende Produktivität, höhere Fehlzeiten – bei hoher Digitalisierung am gewerblich-technischen Arbeitsplatz wurde in der Studie des des ZEW Mannheim ein signifikanter Anstieg von 7,6 Krankheitstagen pro Jahr festgestellt – und Einkommenseinbußen zu vermeiden. Letztlich zeigt sich auch in diesem Spannungsfeld: Technische Neuerungen entfalten ihr Potenzial erst dann voll, wenn sie von einer Kultur des Miteinanders, der Lernbereitschaft und gegenseitigen Unterstützung getragen werden.

7. Künstliche Intelligenz als kultureller Kipppunkt

Künstliche Intelligenz (KI) wird zukünftig nicht nur Prozesse automatisieren, sondern Entscheidungslogiken, Qualifikationsanforderungen und die Zusammenarbeit der Menschen im Unternehmen grundlegend verändern. Für ein Unternehmen wie LEAG, das sich zwischen traditionellem Betrieb, der Entwicklung neuer Geschäftsfelder und digitaler Transformation bewegt, ist der kulturelle Umgang mit KI entscheidend für den Erfolg dieser Entwicklung.

Noch stehen wir am Anfang: Erste Anwendungen werden erprobt – etwa bei der Datenanalyse, technischen Simulationen oder in der Prozessoptimierung. Die Dynamik, mit der sich KI entwickelt, lässt jedoch keine Zeit für abwartende Haltungen. KI ist nicht nur ein IT-Projekt – sie ist ein Thema der Unternehmenskultur.

Die zentrale Frage lautet: Wie können Mitarbeitende Vertrauen in diese neue Technologie entwickeln – und gleichzeitig das Vertrauen in sich selbst und ihr persönliches Know-how behalten? Automatisierung kann entlasten, aber auch verunsichern.

Auch hier hilft eine Kultur, die Neugier, Offenheit und Lernbereitschaft fördert – und Lernen aus Fehlern erlaubt. KI darf kein zusätzlicher Druckfaktor sein, sondern soll im Idealfall produktive Entlastung und sinnvolle Ergänzung schaffen. Führungskräfte müssen Orientierung geben, Ängste ernst nehmen und Lernräume gestalten. Das beginnt bei der Sprache: KI sollte als Werkzeug verstanden werden, das dem Menschen dient – nicht umgekehrt.

Für LEAG heißt das: Wenn wir heute über KI sprechen, sprechen wir über die Zukunft unserer Zusammenarbeit. Wir werden in der technischen Umsetzung iterativ lernen – aber die kulturellen Leitplanken dafür müssen wir jetzt setzen. Dazu gehört auch, frühzeitig auf unterschiedliche Kompetenzniveaus zu achten. Nicht jeder Mitarbeitende wird dieselben Berührungspunkte mit KI haben, aber alle müssen sich als Teil des Prozesses erleben. Andernfalls entsteht eine neue Form der Spaltung – zwischen denen, die mit KI arbeiten (dürfen), und denen, die außen vor bleiben. Dabei wird KI nicht nur auf die unterstützenden Prozesse beschränkt bleiben, sondern auch die Produktionsprozesse erreichen: KI-basierte Assistenzsysteme oder Predictive Maintenance werden binnen kurzer Zeit Standard sein.

Am Ende gilt: Technologischer Fortschritt wie KI kann nicht ohne die Weiterentwicklung der Unternehmenskultur gelingen.

8. Lessons Learned

1. Vertrauen statt Kontrolle ist die Basis moderner Führung. Nur wer Loslassen kann, schafft Motivation und Eigenverantwortung.
2. Unternehmenskultur braucht aktive Pflege. Digitale Tools allein bewirken nichts, wenn sie nicht mit einer lebendigen Kultur verknüpft sind.
3. Unterschiedliche Beschäftigtengruppen brauchen unterschiedliche Ansätze, aber eine starke Kultur vereint Beschäftigtengruppen jenseits von Ort, Tätigkeit und Herkunft. Nur wenn alle sich gesehen und wertgeschätzt fühlen, bleibt ein Unternehmen trotz doppelter Realität zusammen.

Diese Erkenntnisse zeigen: Kultur braucht Kontakt. Wer heute in eine starke und veränderungsbereite Unternehmenskultur investiert, wird auch die kommenden Herausforderungen meistern und als Unternehmen zukunftsfähig bleiben.

Literatur

1. Oswald, Andrew J., Proto, Eugenio & Sgroi, Daniel (2015): *Happiness and Productivity*. In: Journal of Labor Economics, Vol. 33, No. 4, pp. 789–822. University of Chicago Press.
2. Bryson, Alex; Forth, John; Proto, Eugenio (2023): Workplace Wellbeing and Firm Performance. University of Oxford, Wellbeing Research Centre, Working Paper 2304
3. Gallup (2025): Gallup Engagement Index Deutschland 2025. Veröffentlicht am 13. März 2025. Abrufbar unter: https://www.personalwirtschaft.de/news/hr-organisation/emotionale-mitarbeiterbindung-erreicht-erneut-tiefstand-189069/
4. Robert Half (2021): Arbeitsmarktstudie zur Unternehmenskultur in Zeiten von Remote Work. Veröffentlicht am 01.09.2021. Abrufbar unter: www.roberthalf.com/de/de/ueber-uns/presse/unternehmenskultur-leidet-bei-zwei-drittel-aller-unternehmen-zeiten-von-remote-work
5. Arntz, Melanie; Findeisen, Sebastian; Maurer, Stephan; Schlenker, Oliver (2024): Are We Yet Sick of New Technologies? The Unequal Health Effects of Digitalization. ZEW Discussion Paper No. 24-027, Mannheim. Abrufbar unter: https://madoc.bib.uni-mannheim.de/67644/

Digitalisierung im Gesundheitswesen – Chancen, Herausforderungen und Lösungsstrategien am Beispiel der MUL-CT

Martin Peuker, Digitalisierungsvorstand

Medizinische Universität Lausitz – Carl Thiem, Cottbus

Kurzfassung:

Die Digitalisierung an der Medizinischen Universität Lausitz – Carl Thiem (MUL-CT) stellt als Modell einen zentralen Baustein für eine zukunftsfähige medizinische Versorgung dar. Mit dem Zielbild des Digitalen Leitkrankenhauses und dem Kern der Digitalisierung als strategischer Treiber für die Modellregion Gesundheit Lausitz sollen hier heutige und vor allem auch zukünftige Herausforderungen innerhalb des Gesundheitssystems digital angegangen werden. Digitalisierung wird dabei nicht als Selbstzweck verstanden, sondern als Werkzeug, um Patientenversorgung, Forschung und Lehre nachhaltig neu aufzubauen und Bestehendes stetig zu verbessern – mit dem Menschen im Mittelpunkt.

Schlüsselwörter: Digitalisierung, Universitätsmedizin, Lausitz

1. Einleitung

Die Digitalisierung ist längst nicht mehr nur ein technischer Trend, sondern ein zentraler und notwendiger Motor der Weiterentwicklung des Gesundheitswesens. In Zeiten des demographischen Wandels und der Ressourcenknappheit auf personeller sowie auch finanzieller Seite bietet die Digitalisierung eine, wenn nicht sogar die einzige Chance, die Herausforderungen zu meistern und eine stabile Patient:innenversorgung zu gewährleisten. Besonders an der Medizinischen Universität Lausitz – Carl Thiem (MUL-CT) wird dies deutlich. Hier wird Digitalisierung als strategischer Pfeiler verstanden, der sowohl Forschung, Lehre als auch die Patient:innenversorgung nachhaltig prägt. Durch das Zielbild des Digitalen

Leitkrankenhauses und die Etablierung der Modellregion Gesundheit Lausitz entsteht derzeit ein deutschlandweit einzigartiges Ökosystem, das den Anspruch hat, wissenschaftliche Exzellenz mit praktischer Versorgungsrealität zu verbinden und somit die aktuellen strukturellen Herausforderungen des deutschen Gesundheitssystems anzugehen und zu verbessern. Um die Vision in die Realität umzusetzen, bestehen einige Kernthemen, die den Erfolg des Projektes maßgeblich beeinflussen. Neben der Schaffung der technischen Voraussetzungen spielt hier vor allem auch der Faktor Mensch eine zentrale Rolle. Die Verwendung neuer Technologien darf dabei niemals ein Selbstzweck sein, sondern ausschließlich ein Werkzeug, mit dem wir Menschlichkeit, Fortschritt und eine Gesundheitsversorgung mit Haltung erreichen.

2. Die digitale Basis

Die Umsetzung des Digitalen Leitkrankenhauses erfordert den Aufbau eines neuen Fundaments für den digitalen Maximalversorger. Im Mittelpunkt steht dabei eine IT-Infrastruktur, die über ausreichende Kapazitäten und Belastungsgrenzen verfügt, um sowohl Wachstum als auch langfristige Stabilität zu gewährleisten. Die Systeme müssen verlässlich aufgebaut und perspektivisch so gestaltet werden, dass sie auf die gesamte Modellregion skalierbar sind. Hohe Ausfallzeiten oder Performanceprobleme gefährden nicht nur die Effizienz der Krankenversorgung, sondern können im Ernstfall auch direkte Risiken für Patientinnen und Patienten darstellen.

Aus diesem Grund umfasst das technische Grundgerüst der MUL-CT modernste Virtualisierungstechnologien, leistungsfähige Rechenzentren, Active-Directory-Dienste, Citrix-Umgebungen sowie flexible Speicherlösungen. Um technologisch stets am Puls der Zeit zu bleiben, setzten wir auf strategische Innovationspartnerschaften, die es ermöglichen, mit gebündelten Kompetenzen Projekte effizient weiterzuentwickeln. Ziel ist der Aufbau einer modernen, integrierten, sicheren und performanten Infrastruktur, die dem qualitativen und quantitativen Wachstum des IT-Bedarfs gerecht wird, hoch skalierbar ist und breite Akzeptanz findet. Dabei wird bewusst auf eine Kombination aus Private-Cloud- und On-Premise-Lösungen gesetzt. Diese hybride Architektur soll eine robuste und zuverlässige Infrastruktur schaffen, die Ressourcen effizient nutzt und gleichzeitig höchste Standards in Bezug auf Sicherheit, Verfügbarkeit und Datenschutz erfüllt. Damit verfolgen wir als MUL-CT eine klare „Cloud-First-Strategie" und wollen uns auf dem Weg zum Universitätsklinikum als Vorreiter in der Krankenhausdigitalisierung positionieren. Praktisch bedeutet dies, dass das IT-Fundament auf einer Hybrid-Cloud-Architektur basiert, die eine Application-centric Private Cloud Health mit ergänzenden Public-Cloud-Komponenten kombiniert. Diese Architektur gewährleistet nicht nur maximale Verfügbarkeit und regulatorische sowie KRITIS-Konformität nach B3S-Standard, sondern ermöglicht auch die flexible Integration neuer Anwendungen. Ergänzend sorgt ein Security Operations Center (SOC) in Verbindung mit einem Security Information & Event Management (SIEM) dafür, dass Cyber-Risiken kontinuierlich erkannt und proaktiv abgewehrt werden. In Kombination sorgt dies für die Erreichung der benötigten Zuverlässigkeit sowie das hohe Sicherheitsniveau der Infrastruktur.

Neben dem digitalen Rückgrat stellt einen weiteren zentralen Baustein des Digitalen Leitkrankenhauses das Datenintegrationszentrum (DIZ) dar. Dieses ermöglicht es, klinische, wissenschaftliche und administrative Datenquellen zusammenzuführen und damit die Grundlage für moderne Forschung, den Einsatz von KI-Anwendungen sowie die Umsetzung der elektronischen Patientenakte zu schaffen. Besonders wichtig ist hierbei, dass konsequent auf Interoperabilität und einheitliche Standards wie HL7 FHIR, SNOMED CT und standardisierte Datenformate gesetzt wird und somit den Datenaustausch zwischen Kliniken, Praxen, Pflegeeinrichtungen und Forschungseinrichtungen zu erleichtern. Nur so kann der Grundstein für ein interoperables Netzwerk geschaffen und beibehalten werden.

3. Das digitale Ökosystem

Einen nicht zu vernachlässigenden Faktor in der Digitalisierung spielt das Ökosystem, in dem wir uns bewegen. Kooperationen, Partnerschaften und Beiräte prägen maßgeblich den Fortschritt unserer Initiativen und befähigen uns, sie in einer gewissen Geschwindigkeit umsetzen zu können. Beispielsweise durch die direkte Einbindung des Digitalbeirats in bestimmte Themen gelingt es uns, eine strategische Steuerung und Transparenz im Umsetzungsprozess zu erlangen. Bezogen auf die

Schaffung der Basis Infrastruktur stand zum Beispiel besonders die kurzfristige Sicherstellung des laufenden Betriebs in Kombination mit dem Aufbau der Private-Cloud-Infrastruktur als zentrale Bausteine für eine nachhaltige digitale Resilienz im Fokus. Durch den offenen Austausch schaffen wir gemeinsam die Basis für die Umsetzung zukünftiger Digitalisierungsprojekte, die Sicherung der langfristigen Zukunftsfähigkeit und die Weiterentwicklung der Modellregion Gesundheit Lausitz. Durch den Digitalbeirat haben wir die Möglichkeit, intern entstehende Ideen gemeinsam zu evaluieren, zu diskutieren und strategisch mit diversen Perspektiven auszurichten.

Neben dem Digitalbeirat haben Kooperationen mit anderen Institutionen eine wichtige strategische Bedeutung. Sie können zum einen bezogen auf Industrie-Partner Brücken zwischen klinischer Praxis, wissenschaftlicher Forschung und technologischer Entwicklung schlagen. Industriepartner bringen oftmals spezialisierte technische Expertise, agile Entwicklungsprozesse und marktreife Lösungen ein, während wir als Klinikum praxisnahe Anwendungsfelder, medizinisches Fachwissen und den Zugang zu realen Versorgungsdaten liefern. Durch diese Zusammenarbeit können digitale Technologien, Medizintechnik oder KI-gestützte Anwendungen nicht nur schneller, sondern auch passgenauer entwickelt und in den klinischen Alltag integriert werden. Gleichzeitig eröffnen solche Partnerschaften den Zugang zu Fördermitteln, Pilotprojekten und internationalen Netzwerken, wodurch Innovationen skalierbar und über die eigene Einrichtung hinaus wirksam werden. Ähnliches gilt für Kooperationen mit anderen universitären und klinischen Einrichtungen. Sie stellen einen zentralen Hebel dar, um medizinische Versorgung, Forschung und Lehre auf ein neues Niveau zu heben. Solche Partnerschaften ermöglichen den systematischen Austausch von Wissen, klinischen Erfahrungen und wissenschaftlichen Daten über Institutionsgrenzen hinweg. Dadurch lassen sich Best-Practice-Ansätze schneller identifizieren, gemeinsam validieren und in unterschiedlichen Versorgungsumgebungen erproben. Durch den Zugang zu einem größeren Pool an Daten schaffen wir so bessere Voraussetzungen für evidenzbasierte Forschung und die Entwicklung innovativer Behandlungskonzepte. Gemeinsame Studien, interdisziplinäre Forschungsverbünde und vernetzte Lehrangebote schaffen Synergien, die weit über die Möglichkeiten einer einzelnen Einrichtung hinausgehen. Teil eines starken, kooperativen Netzwerks zu sein bedeutet für uns, dass Innovationen beschleunigt, Versorgungsqualität gesteigert und der Wissenstransfer in die Praxis optimiert werden.

4. Der digitale Mensch?

In Digitalisierungsprojekten im Gesundheitskontext stellen eine leistungsfähige technische Infrastruktur und ein digitales Ökosystem nur die halbe Miete dar. Genauso entscheidend oder sogar entscheidender ist, dass der Mensch in all diesen Initiativen im Mittelpunkt stehen muss. Technologien können ihren vollen Nutzen erst dann entfalten, wenn sie intuitiv bedienbar sind, sie Arbeitsprozesse tatsächlich erleichtern und sie das Vertrauen der Anwenderinnen und Anwender gewinnen. In der Praxis zeigt sich jedoch immer wieder, dass komplexe Systeme auf unerwartete Widerstände stoßen. Schon kleine Veränderungen im Layout einer Software, beispielsweise nach einem Update, können gewohnte Arbeitsabläufe stören und Stress auslösen – insbesondere, wenn Anpassungen abrupt und ohne ausreichendes Training erfolgen. Hinzu kommt, dass digitale Systeme häufig mehr Daten bereitstellen, als in einer konkreten Situation benötigt werden. Wenn relevante Informationen nicht gezielt hervorgehoben werden, verlieren Anwendende wertvolle Zeit und Geduld – im medizinischen Kontext ein nicht zu unterschätzendes Risiko.

Zudem ist die digitale Vorerfahrung der Nutzenden sehr unterschiedlich. Während einige neue Systeme schnell adaptieren, benötigen andere deutlich mehr Unterstützung. Ohne gezielte Schulungsangebote kann dies zu Frustration und Ablehnung führen.

Wir als MUL-CT begegnen diesen Herausforderungen mit einem klar menschenzentrierten Ansatz. Nutzendengruppen – von Ärztinnen und Ärzten über Pflegekräfte bis hin zu Verwaltungsmitarbeitenden – werden bereits ab der Konzeptions- und Pilotierungsphase mit in digitale Projekte einbezogen. So entstehen im besten Fall direkt Anwendungen, die sich organisch in bestehende Arbeitsrealitäten einfügen. Statt auf einen einmaligen „Big Bang" bei der Einführung neuer Technologien zu setzen, implementieren wir Lösungen schrittweise. Pilotphasen, Feedbackschleifen und sukzessive Erweiterungen werden eingesetzt, um so sicherzustellen, dass Systeme praxisnah optimiert werden und Akzeptanz finden. Um sicherzustellen, dass die Digitalisierung im klinischen Bereich nicht zu einer Hürde, sondern zu einer echten Unterstützung für die Mitarbeitenden wird, setzten wir auf ein Bündel gezielter Maßnahmen. Mit dem Competenzcentrum KIS (CC KIS) wurde beispielsweise eine zentrale Anlaufstelle geschaffen, die als Bindeglied zwischen IT, Klinikbetrieb und Management fungiert und die fachliche sowie technische Expertise rund um klinische Informationssysteme bündelt. Hierbei nutzen wir beispielsweise die Expertise von sogenannten Keyusern. Sie stammen aus dem klinischen Umfeld und kennen die täglichen Abläufe, verstehen die Anforderungen der Anwendenden und können Rückmeldungen unmittelbar in den Entwicklungs- und Anpassungsprozess neuer Systeme einfließen lassen. Um alle Mitarbeitenden auf dem Weg der digitalen Transformation mitzunehmen, werden Schulungen angeboten, die nicht nur technische Bedienkompetenz vermitteln, sondern auch den Nutzen und die Erleichterungen im Arbeitsalltag verdeutlichen. Darüber hinaus steht durch die Keyuser ein First-Level-Support mit festen Ansprechpartner:innen zur Verfügung, die bei Fragen oder Problemen schnelle Hilfe leisten können und so Frustration im Umgang mit neuer Technik reduzieren.

Auf diese Weise versuchen wir ein förderndes, unterstützendes Umfeld zu schaffen, in dem die Mitarbeitenden aktiv in den Digitalisierungsprozess eingebunden werden und sich sicher im Umgang mit den neuen digitalen Werkzeugen fühlen.

Zusätzlich ergibt sich durch den neuen Aufbau der Universität hier an der MUL-CT die Möglichkeit, das medizinische Personal von morgen bereits heute digital aufzustellen und von Anfang an den Umgang mit neuen Technologien zu fordern und zu fördern. Hierbei wollen wir vor allem Technologien wie Künstliche Intelligenz und Cloud nutzen, da sie die Möglichkeit bieten, Lernprozesse individuell, flexibel und effizient zu gestalten. KI-gestützte Systeme können Lerninhalte an den jeweiligen Wissensstand anpassen und so gezieltes, effektives Lernen ermöglichen. Darüber hinaus schaffen cloudbasierte Plattformen die technische Grundlage für einen ortsunabhängigen Zugriff auf Lehrmaterialien und interaktive Inhalte. Außerdem sollen Virtual-Reality- und Mixed-Reality-Simulationen zum Einsatz kommen, die klinische und pflegerische Szenarien realitätsnah abbilden können. Studierende können so in einer sicheren, risikofreien Umgebung praktische Fähigkeiten trainieren und komplexe Situationen üben, bevor sie in den realen Klinikalltag eintreten.

5. Die digitale Zukunft – vom Zielbild in die Praxis

In der MUL-CT wird die Herausforderung der Digitalisierung mit einem realistischen Etappenverständnis, bereichsübergreifender Zusammenarbeit und einer auf Transparenz ausgerichteten Kommunikationskultur angegangen. Ziel ist es, die digitale Transformation nicht als einmaliges Großprojekt, sondern als kontinuierlichen, iterativen Prozess zu gestalten. Hierzu wurden im ersten Anlauf fünf prioritäre Handlungsfelder identifiziert, die mit ersten Konzeptentwürfen weiter ausgearbeitet werden und die Grundlage für nachfolgende Umsetzungsschritte bilden.

Das erste Handlungsfeld umfasst die Entwicklung einer Digitalstrategie, bei der bestehende Teilstrategien – wie die Medizinstrategie, IT- und Cloud-Strategie, HR-IT-Strategie, Universitätsstrategie und die Strategie der Modellregion – zusammengeführt werden. Dadurch soll ein gemeinsames strategisches Verständnis geschaffen, Synergien erkannt und die Basis für eine integrierte Gesamtstrategie gelegt werden. Mit einem strukturierten, vernetzten und langfristig angelegten Ansatz soll sichergestellt werden, dass die Digitalisierung nicht nur technologisch, sondern auch organisatorisch und kulturell erfolgreich umgesetzt wird.

Das zweite Handlungsfeld widmet sich der Kommunikationsstrategie des Vorstandsbereichs Digitalisierung. In enger Abstimmung mit der Unternehmenskommunikation der MUL-CT werden hier Maßnahmen zur internen und externen Kommunikation konzipiert. Um auf die diversen Ansprüche und Bedürfnisse der verschiedenen Mitarbeitendengruppen einzugehen, liegen Schwerpunkte hier vor allem auf einer zielgruppengerechten Ansprache, der Wahl geeigneter Kanäle, der inhaltlichen Ausrichtung sowie der zeitlichen Taktung. Wir wollen möglichst niemandem auf dem Weg in die digitale Zukunft zu verlieren und jede und jeden an dem Standpunkt abholen und begeistern, an dem sie oder er sich derzeitig befinden.

Das dritte Handlungsfeld befasst sich mit der Entwicklung und Etablierung eines digitalen Portfoliomanagements. Gerade in Zeiten des Umbruchs und der vielen parallellaufenden Initiativen empfinden wir es als wichtig, ein strukturiertes Vorgehen zur Priorisierung und Steuerung digitaler Projekte zu etablieren, um Ressourcen effizient einzusetzen und dabei die begrenzten personellen und finanziellen Kapazitäten bestmöglich zu berücksichtigen.

Im vierten Handlungsfeld geht es um die Transparenz über Förderlinien in Versorgung und Forschung. Hier werden relevante Förderrichtlinien – jenseits klassischer Drittmittel – erfasst und bewertet. Darauf aufbauend erfolgt eine strukturierte Zuordnung möglicher Finanzierungsmöglichkeiten zu strategischen Digitalisierungsthemen.

Abschließend befasst sich das fünfte Handlungsfeld mit der Analyse der Personalressourcen im Digitalisierungsbereich. Durch eine systematische Erfassung vorhandener Kapazitäten und die Ermittlung des zukünftigen Bedarfs entsteht eine belastbare Grundlage für strategische Personalentscheidungen, die die erfolgreiche Umsetzung der Zielvision absichern soll.

6. Ausblick: Digitalisierung als Standort- und Versorgungsfaktor

Zusammenfassend lässt sich sagen, dass die Digitalisierung im Gesundheitswesen an der MUL-CT weit mehr als ein technisches Modernisierungsprogramm oder ein isoliertes IT-Projekt ist. Sie fungiert als strategischer Bestandteil einer umfassenden Struktur- und Entwicklungsinitiative, die darauf abzielt, die Lausitz zu einer Modellregion für innovative, vernetzte und nachhaltige Gesundheitsversorgung zu machen. Die Digitalisierung wird hierbei nicht als Selbstzweck verstanden, sondern als Werkzeug, um Patientenzentrierung, Versorgungsqualität und wissenschaftliche Exzellenz in Einklang zu bringen. Vernetzte Versorgungsstrukturen ermöglichen eine lückenlose Betreuung entlang der gesamten Versorgungskette – vom ersten Kontakt in der Hausarztpraxis über spezialisierte Diagnostik und stationäre Behandlung bis hin zur Nachsorge. Gleichzeitig wird der Lehr- und Forschungsbetrieb so ausgerichtet, dass Studierende, Fachkräfte und Wissenschaftlerinnen und Wissenschaftler von einer hochmodernen, digital gestützten Infrastruktur profitieren. Dies fördert nicht nur die Ausbildung der nächsten Generation medizinischer Fachkräfte, sondern beschleunigt auch die Umsetzung neuer wissenschaftlicher Erkenntnisse in die Praxis.

Langfristig haben wir das Ziel, die Lausitz als Vorlage für andere Regionen zu etablieren – sowohl auf nationaler als auch auf internationaler Ebene. Die Lausitz könnte so zu einem Vorreiter werden, der beweist, dass digitale Transformation im Gesundheitswesen dann besonders erfolgreich ist, wenn sie strategisch eingebettet, technisch solide und vor allem menschenorientiert gestaltet wird.

Arbeit im Wandel: Menschenzentrierte Gestaltung in der digitalen Transformation

Sascha WISCHNIEWSKI; Patricia TEGTMEIER;
Matthias HARTWIG; Patricia H. ROSEN

Bundesanstalt für Arbeitsschutz und Arbeitsmedizin (BAuA)
Friedrich-Henkel-Weg 1-25, 44149 Dortmund
Email: wischniewski.sascha@baua.bund.de

Kurzfassung: Der vorliegende Beitrag fasst zentrale Grundsätze der Arbeitsgestaltung im Kontext der digitalen Transformation zusammen. Aufbauend auf einem Auszug aktueller Ergebnisse der zweiten Befragung zur Verbreitung und Auswirkungen von Digitalisierung und Wandel der Beschäftigung[1] wird die Notwendigkeit einer proaktiven Gestaltung betont. Der Beitrag gibt daher zusätzlich einen Überblick über in einem Expertenkonsens entwickelte spezifische Kriterien für ebendiese proaktive menschengerechte Arbeit in der digitalisierten Arbeitswelt[2]. Der Beitrag schließt mit der Vorstellung der aus der Normung seit vielen Jahren bekannten Interaktionsprinzipien (DIN EN ISO 9241-110), welche eine sinnvolle Ergänzung der vorgestellten Kriterien darstellen.

Schlüsselwörter:
Digitalisierung, Arbeitsbedingungen, Gestaltungskriterien, Interaktionsprinzipien

1. Einleitung

Die moderne Arbeitswelt ist einem dynamischen Wandel unterworfen, der maßgeblich durch die fortschreitende Digitalisierung und den immer stärker werdenden Einsatz von Künstlicher Intelligenz (KI) vorangetrieben wird. Diese Technologien durchdringen zunehmend das Arbeitsleben vieler und verändern dabei

---

[1] Für die vollständigen Studienergebnisse siehe Arntz et al. 2024.
[2] Für die vollständige theoretische Einordnung, die methodische Herleitung sowie Vorstellung aller Kriterien und der entsprechenden Gestaltungshinweise siehe Weber et al. 2022 sowie Tegtmeier et al. 2022.

nicht nur die Art der Arbeit, sondern auch ihre Organisation und die Bedingungen, unter denen sie stattfindet.

Dabei ist die Präsenz von KI am Arbeitsplatz bereits heute bemerkenswert: Aktuelle Daten der zweiten Befragung zur Verbreitung und Auswirkungen von Digitalisierung und Wandel der Beschäftigung (DiWaBe 2.0) zeigen, dass mehr als die Hälfte der Beschäftigten in Deutschland KI-Anwendungen nutzen. Auffällig ist dabei, dass der Großteil der KI-Anwendungen informell, also durch die Beschäftigten eigeninitiativ genutzt wird. Gleichzeitig äußert ein substanzieller Anteil der Befragten den Wunsch, mehr KI-Anwendungen nutzen zu können, deren Einsatz im Betrieb noch nicht gestattet ist. Die DiWaBe 2.0-Befragung ist eine gemeinsam mit dem Zentrum für europäische Wirtschaftsforschung (ZEW), dem Institut für Arbeitsmarkt- und Berufsforschung (IAB) und dem Bundesinstitut für Berufsbildung (BIBB) repräsentative Erhebung aus dem Jahr 2024 mit rund 9.800 sozialversicherungspflichtig Beschäftigten in Deutschland. Ihr Ziel ist die Schaffung einer Datengrundlage hinsichtlich Verbreitungen moderner Technologien und Veränderungen in Tätigkeiten, Anforderungen, Arbeitsbedingungen und der Gesundheit der Beschäftigten zu analysieren (Arntz et al. 2024).

Die vielschichtigen Befunde betonen, dass die digitale Transformation und insbesondere eine zunehmende Nutzung von KI sowohl Chancen als auch Risiken für die Arbeitsgestaltung birgt. Wie bereits bei früheren technologischen Umbrüchen reicht eine rein technische Implementierung nicht aus; es bedarf einer proaktiven menschengerechten Gestaltung der Arbeitswelt anhand von geeigneten Kriterien, um die Potenziale der Digitalisierung optimal zu nutzen und negativen Auswirkungen effektiv und frühzeitig entgegenzuwirken.

2. Kriterien der Arbeitsgestaltung im Zeitalter der Digitalisierung

Die im Folgenden beschriebenen Kriterien mit ihren Chancen und Risiken für eine menschengerechte Gestaltung in der digitalisierten Arbeitswelt wurden in einem iterativen Expertinnen- und Expertenprozess erarbeitet und konsolidiert (Tegtmeier et al. 2022) und sollen Gestaltungsorientierung im Zeitalter der Digitalisierung bieten.

2.1 Etablierte Kriterien mit neuer Dynamik

Ein zentrales, bewährtes Kriterium ist die **Ganzheitlichkeit der Arbeitsaufgabe**. Diese erfordert, dass Arbeitsaufgaben planende, ausführende und kontrollierende Elemente umfassen, damit Beschäftigte den Sinn und die Bedeutung ihrer Tätigkeit für das Gesamtergebnis erkennen können. Die digitale Transformation, insbesondere durch den Einsatz von digitalen Assistenzsystemen, birgt jedoch die Gefahr einer Dequalifizierung durch die Vorgabe kleinteiliger Arbeitsschritte. Dies kann die Ganzheitlichkeit von Aufgaben gefährden und dazu führen, dass der individuelle Handlungsspielraum eingeschränkt wird.

Ein weiteres fundamentales Kriterium ist die **Anforderungsvielfalt**. Eine abwechslungsreiche Aufgabenstellung, die unterschiedliche Kenntnisse, Fertigkeiten und Fähigkeiten beansprucht sowie körperliche und geistige Anforderungen alterniert, ist essenziell, um einseitige Belastungen zu vermeiden und die individuelle Entwicklung zu fördern. Im Kontext der Digitalisierung sinkt der Anteil physisch belastender Aufgabenelemente tendenziell und langes Sitzen sowie körperliche Inaktivität nehmen zu. Die Nutzung mobiler IKT kann zudem zu ungünstigen Körperhaltungen und Belastungen führen. Gleichzeitig können durch digitale Systeme Informationen schneller und umfassender verarbeitet und zur Verfügung gestellt werden. Hier besteht die Gefahr der Überforderung durch die Menge und Komplexität der bereitgestellten Informationen.

Schließlich ist die **Zeitelastizität**, der Schutz vor unangemessener Arbeitsverdichtung durch ausreichende Zeitpuffer in Arbeits- und Zeitplänen, im digitalen Wandel von besonderer Bedeutung. Die DiWaBe 2.0-Befragung zeigt, dass eine intensivierte KI-Nutzung mit einer höheren Arbeitsintensität verbunden sein kann, die sich in verstärktem Termin- und Leistungsdruck sowie einer erhöhten Informationsflut äußert. So kann der Einsatz digitaler Assistenzsysteme zwar potentiell zur kognitiven Entlastung beitragen. Werden dadurch gewonnene Freiräume jedoch nicht zur Regeneration genutzt, sondern durch eine Verdichtung und Ausweitung der Arbeitsaufgaben kompensiert, kann dies zu einer Erhöhung der subjektiv wahrgenommenen Arbeitsintensität und psychischen Belastung mit negativen Beanspruchungsfolgen beitragen.

2.2 Digitalisierungssensible Kriterien

Ein digitalisierungssensibles Kriterium ist **soziale Interaktion und Unterstützung**. Für den Beziehungsaufbau, die Vertrauensbildung und den Umgang mit Stressoren ist der soziale Austausch am Arbeitsplatz essenziell. Digitale Kommunikationsmittel können jedoch den spontanen, informellen Austausch erschweren und die Gefahr von Missverständnissen erhöhen, da non-verbale Signale reduziert werden oder fehlen.

Ein weiterer digitalisierungssensibler Aspekt ist ein **angemessener Tätigkeitsspielraum**. Dieser umfasst Handlungs-, Gestaltungs- und Entscheidungsspielräume, die für Beschäftigte eine wichtige Ressource darstellen. Digitale Systeme können diese Spielräume sowohl einschränken (z. B. durch Mikromanagement) als auch erweitern (z. B. durch orts- und zeitflexibles Arbeiten). Die Daten aus der DiWaBe 2.0-Befragung deuten darauf hin, dass intensivierte KI-Nutzung mit einer höheren Arbeitsautonomie einhergehen kann, insbesondere bei der Wahl von Herangehensweisen und dem Einfluss auf die Arbeitsmenge.

Auch **Lern- und Entwicklungsmöglichkeiten** sind digitalisierungssensibel. Angesichts verkürzter Innovationszyklen sind kontinuierliche Weiterentwicklung und Kompetenzanpassung unerlässlich. Digitale Lern- und Arbeitsassistenzsysteme können arbeitsintegriertes Lernen durch kontextsensitive Informationsbereitstellung unterstützen. Die DiWaBe 2.0 zeigt, dass intensivierte KI-Nutzende häufiger an Weiterbildungen zu überfachlichen Fähigkeiten teilnehmen, was auf veränderte Anforderungen hindeutet. Risiken bestehen in der Dequalifizierung durch kleinteilige Arbeitsschritte und Informationsüberflutung.

2.3 Neue Kriterien

Neue Kriterien ergeben sich aus der umfassenden Digitalisierung ebenso: **Menschzentrierte Flexibilitätsmöglichkeiten** sind ein solches Kriterium. Orts- und zeitflexible Arbeitsformen bieten Chancen für eine bessere Work-Life-Balance, erfordern aber hohe Selbstorganisation und bergen Risiken wie Termin- und Leistungsdruck sowie die Verwischung von Arbeits- und Privatleben.

Faire Bewertungssysteme sind ebenfalls ein neues Kriterium. Digitale Systeme ermöglichen die Erfassung großer Datenmengen, was zur Leistungsbewertung genutzt werden kann. Dies birgt die Gefahr unfairer Urteile und Unsicherheiten für Beschäftigte durch kontinuierliche algorithmische Kontrolle.

Die **menschliche Entscheidungshoheit und technische Systemtransparenz** ist eines der wichtigsten neuen Kriterien. Obwohl Algorithmen effiziente Lösungen bieten können, kann ihre Komplexität die Transparenz verringern und die Mensch-System-Interaktion beeinträchtigen.

Die **Technikzuverlässigkeit** ein weiteres neues und laut den Expertinnen und Experten das zweitwichtigste Kriterium in diesem Block. Die funktionale Sicherheit komplexer, vernetzter Systeme ist entscheidend. Digitalisierung bringt neue Herausforderungen durch Vernetzung, Manipulation und Cybersicherheit mit sich.

Als weiteres, zentrales Kriterium ist der **menschenzentrierte Einsatz technischer Innovationen**. Dieses zielt darauf ab, die digitale Transformation prospektiv positiv zu gestalten. Das Kernprinzip geht über die reine Vermeidung von Risiken hinaus und schließt die Förderung von Gesundheit, Wohlbefinden und Persönlichkeitsentwicklung der Beschäftigten mit ein. Die Entscheidung für den Einsatz digitaler Technologien sollte nicht allein auf technischer Machbarkeit basieren, sondern auch soziale und ökonomische Einflussfaktoren berücksichtigen.

Darüber hinaus rückt das Kriterium **Inklusionsförderlichkeit, Individualität und Diversität** in den Fokus. Einerseits können digitale Assistenzsysteme physische und sensorische Einschränkungen kompensieren und ortsunabhängige Arbeitsformen die Teilhabe für Menschen mit Mobilitätseinschränkungen verbessern. Andererseits kann die mit neuen Technologien einhergehende Komplexitätssteigerung die Beschäftigungschancen für Menschen mit kognitiven Beeinträchtigungen verschlechtern.

Schließlich gewinnen **klare Verantwortlichkeiten für den Arbeitsschutz** neu an Bedeutung. Durch flexible, agile und dezentrale Arbeitsformen können Zuständigkeiten verschwimmen. Insbesondere bei ortsunabhängiger Arbeit wird es für Führungskräfte schwieriger, ihrer Fürsorgepflicht nachzukommen, Gefährdungen zu erkennen und Schutzmaßnahmen zu kontrollieren. Die Gestaltung muss daher sicherstellen, dass die Verantwortlichkeiten im Arbeitsschutz auch in dynamischen und vernetzten Arbeitsstrukturen eindeutig definiert und nachvollziehbar sind.

3. Prinzipien der Dialoggestaltung

Die vorgestellten Kriterien beschreiben, welche Aspekte bei einer menschengerechten Gestaltung Berücksichtigung finden sollten. Für die praktische Umsetzung bedarf es operativer Handlungsanleitungen. Eine davon ist die etablierte Norm DIN EN ISO 9241-110, die eine Brücke von den Anforderungen zur konkreten Anwendung schlägt und die in Weber et al. 2022 genannten 35 Gestaltungshinweise ergänzt. So lässt sich beispielsweise das übergreifende Kriterium „Menschlichen Entscheidungshoheit“ direkt mit dem Dialogprinzip der „Steuerbarkeit“ in Verbindung bringen. Insgesamt nennt die Norm sieben Prinzipien und gibt Hinweise zu deren Umsetzung.

- **Aufgabenangemessenheit** beschreibt die Eigenschaft des Systems, den Nutzenden effektiv bei der Erledigung seiner Aufgaben zu unterstützen, indem es die richtigen Funktionen zur richtigen Zeit bereitstellt.
- **Selbstbeschreibungsfähigkeit** ist die Fähigkeit des Systems, dem Nutzenden jederzeit verständlich zu machen, in welchem Zustand es sich befindet und welche Interaktionsmöglichkeiten als Nächstes bestehen.
- **Erwartungskonformität** beschreibt die Eigenschaft des Systems, sich konsistent und für den Nutzenden vorhersehbar zu verhalten, sodass es dessen Erwartungen aus früheren Erfahrungen entspricht.
- **Erlernbarkeit** beschreibt die Fähigkeit des Systems, den Nutzenden bei der Einarbeitung in die Bedienung zu unterstützen und im weiteren Verlauf den Erhalt und Ausbau seiner Kompetenzen zu fördern, anstatt diese zu ersetzen.
- **Steuerbarkeit** beschreibt die Eigenschaft des Systems, dem Nutzenden jederzeit die Kontrolle über den Dialogablauf zu überlassen und ihm zu ermöglichen, den Prozess zu beeinflussen oder abzubrechen.
- **Robustheit gegen Benutzungsfehler** beschreibt die Fähigkeit des Systems, auf Fehleingaben unempfindlich zu reagieren, indem es Fehler entweder vermeidet, automatisch korrigiert oder eine einfache und verständliche Korrektur ermöglicht.
- **Benutzerbindung** beschreibt die Eigenschaft des Systems, durch eine positive und motivierende Gestaltung die freiwillige und gerne fortgesetzte Anwendung durch den Nutzenden anzuregen.

4. Zusammenfassung

Die Berücksichtigung arbeitswissenschaftlicher Kriterien und ihre entsprechende Umsetzung ist entscheidend für die menschzentrierte Gestaltung von Arbeit im Zeitalter der Digitalisierung und erfordert dabei eine ganzheitliche Perspektive. Denn die digitale Transformation kann zu einer Diffusion von Systemgrenzen und einer stärkeren Interdependenz von Arbeitsaufgaben sowie sozialen und technischen Systemen führen. Eine menschenzentrierte Gestaltung muss diesen vernetzten Charakter berücksichtigen und kann dabei auf das in diesem Beitrag überblicksartig vorgestellte Gestaltungswissen zurückgreifen. Die Relevanz eines modernen Arbeitsschutzsystems ist dabei hoch, klare Verantwortlichkeiten im Arbeitsschutz sind entscheidend.

Literatur

1. Arntz, M.; Baum, M.; Brüll, E.; Dorau, R.; Hartwig, M.; Lehmer, F.; Matthes, B.; Meyer, S.-C.; Schlenker, O.; Tisch, A.; Wischniewski, S. 2024: Digitalisierung und Wandel der Beschäftigung (DiWaBe 2.0): Eine Datengrundlage für die Erforschung von Künstlicher Intelligenz und anderer Technologien in der Arbeitswelt. Dortmund: Bundesanstalt für Arbeitsschutz und Arbeitsmedizin, 2024.
2. DIN EN ISO 9241-110: Ergonomie der Mensch-System-Interaktion - Teil 110: Interaktionsprinzipien, 2020. Berlin: DIN Media.
3. Tegtmeier, P.; Weber, C.; Sommer, S.; Tisch, A.; Wischniewski, S. 2022: Criteria and Guidelines for Human-Centered Work Design in a Digitally Transformed World of Work: Findings from a Formal Consensus Process. In: Int. J. Environ. Res. Public Health, 2022, 19, 15506.
4. Weber, C.; Tegtmeier, P.; Sommer, S.; Tisch, A.; Wischniewski, S. 2022: Kriterien einer menschengerechten Gestaltung von Arbeit in der digitalisierten Arbeitswelt. In: Sicherheit und Gesundheit in der digitalisierten Arbeitswelt. Kriterien für eine menschengerechte Gestaltung, Tisch, A. & Wischniewski, S. (Hrsg.). Nomos: Baden-Baden, 2022, 11-45.

Hinweis zur Nutzung Künstlicher Intelligenz

Dieser Beitrag wurden mit redaktioneller Unterstützung von Google Gemini Pro 2.5 erstellt.

Die Mensch-Maschine-Schnittstelle in kritischen Infrastrukturen - Systemintegrierte Umsetzung in der Praxis

Thomas Kramser

Ergoconcept Engineering GmbH
Dorfmatt 2b, CH-6343 Rotkreuz-Zug
+41 (41) 790 50 36, E-Mail: thomas.kramser@ergoconcept.ch

Kurzfassung: In Leitstellen und Kontrollräumen, die den kritischen Infrastrukturen zugerechnet werden, spielt die Mensch- Maschinen-Schnittstelle zu der komplexen System- und Kommunikationstechnik die zentrale Rolle. In der Konzeption und Gestaltung dieser Räumlichkeiten ist ein systemischer Ansatz zu wählen, der alle Aspekte der Ergonomie, des Arbeitssystems, sowie des Gebäudes und der Umgebung mitberücksichtigt. Die Anforderungen der Mitarbeiter sind nahtlos in das Gesamtsystem zu integrieren.
Schlüsselwörter: Leitstellenergonomie, Kontrollraumplanung, Mensch-/ Maschinenschnittstelle, Kritische Infrastruktur

1. Der Mensch steht im Mittelpunkt

Die grundsätzlichen Anforderungen an die Konzeption und Gestaltung von Leitstellen und Kontrollräumen in kritischen Infrastrukturen müssen explizit auf die ergonomischen und fachspezifischen Anforderungen der darin tätigen Menschen abgestimmt sein. Die Gestaltung hat konsequent benutzerorientiert zu erfolgen. Die Tätigkeiten der Operatoren und Mitarbeiter sind äußerst anspruchsvoll. Die Folgen, die sich aus menschlichem Fehlverhalten und/ oder technischen Fehlern ergeben, können gravierende Auswirkungen haben. Deshalb müssen alle ergonomischen Optimierungen getroffen werden, damit ein reibungsloser Betrieb in jeder Situation sicher gewährleistet ist.

2. Digitale Transformation in 24/7 Kontrollräumen und Leitstellen

Kontrollräume und Leitstellen durchlaufen aktuell eine „zweite" digitale Transformation von integrierten Systemen hin zu modularen, flexibel aufgebauten Systemen, die individuell angepasst und laufend, entlang der sich schnell fortschreitenden technologischen Möglichkeiten weiterentwickeln und gleichzeitig auf geänderte Anforderungen und Rahmenbedingungen angepasst werden können.

Im Energiebereich liegen die besonderen digitalen Herausforderungen in der Dekarbonisierung mit der Integration der erneuerbaren Energien in die unterschiedlich aufgebauten Netztopologien. Die Überwachung, Steuerung und Simulation dieser volatilen Netze sind besondere Herausforderungen in der Digitalisierung. Hier können KI-unterstützte Sub-Systeme die Standardprozesse in Echtzeit unterstützen und verbessern. Weiter sind in den Kontrollräumen und Leitstellen immer umfangreichere Datenmengen zu verarbeiten und von weniger Mitarbeiter zu überwachen und zu steuern. Der Know-how Transfer und die notwendige laufende Qualifikation der Mitarbeiter im 24/7 Schichtdienst stellt eine besondere Aufgabe dar. Die demographische Entwicklung führt in Zukunft dazu, dass weniger qualifiziertes Fachpersonal zur Verfügung steht, was zu neuen Herausforderungen an die Arbeitsteilung mit den entsprechenden Stressfaktoren führt.

Durch die umfassende Digitalisierung können Kontrollräume und Leitstellen vernetzt und gegenseitige, georedundant abgesetzte Rückfallebenen gebildet werden, was gerade in der heutigen Zeit der neuen Bedrohungslagen im Fokus steht. In den Kontrollräumen selber können Visualisierungsmedien dynamisch vernetzt und mit interaktiven Medien ausgestattet und ergänzt werden, was die Kollaboration der internen Mitarbeiter und der Austausch mit externen Stellen/ Partner fördert.

Das Ziel der weiteren digitalen Transformation in Kontrollräumen und Leitstellen ist die Unterstützung der Mitarbeiter, die Sicherstellung der immer dynamischeren Prozesse und die Umsetzung von Notfallkonzepten im Fall von grossflächigen Störungen.

3. Mensch-/ Maschinenschnittstelle – der Mensch als kritisches Bindeglied

Die Mensch-/ Maschinenschnittstelle bildet das kritische Bindeglied zwischen der gesamten Leitstellen- und Kontrollraumtechnik mit allen User-Interfaces und den Disponenten, die die gesamten Systeme im 24/7 Schichtdienst überwachen, interpretieren und fehlerfrei bedienen können müssen.

Um diese komplexe, vielschichtige Schnittstelle zu optimieren ist ein systemischer Ansatz zu wählen der alle relevanten technischen und humanen Einzelaspekte berücksichtigt und auf den Einsatzzweck hin optimiert ist.

Die Mensch-/ Maschinenschnittstelle ist in Kontrollräumen immer auf die grösstmögliche Belastung bei Störfällen und Ereignissen auszurichten.

4. Systemischer Ansatz der 24/7 Kontrollraumgestaltung

Der systemische Ansatz, der die Arbeitsumgebung, die Arbeitsmittel und die Arbeitsorganisation optimiert, ist darauf ausgerichtet, dass die negativen psychischen und physiologischen Folgen der anspruchsvollen 24/7 Schichttätigkeit minimiert werden und so einen direkten positiven Einfluss auf die Arbeitsqualität, Zufriedenheit und Leistungsfähigkeit der Mitarbeiter hat. Die menschenzentrierte Gestaltung der Arbeitsumgebung optimiert die Verfügbarkeit des Arbeitssystems und fördert das Wohlbefinden und die Gesundheit.

4.1 Ergonomie

Die Planung der Ergonomie hat systemintegriert zu erfolgen. Die physische Ergonomie ist mit der Abstimmung der Anatomie, der Anthropometrie und der Biomechanik auf die erhöhten Anforderungen an die Nutzung im Leitstellenumfeld auszurichten. Die Prozesse, die Organisation und die Strukturen im Betrieb sind für den 24/7 Dienst zu optimieren und die kognitiven, ergonomischen Aspekte sind bei den mentalen Prozessen in der Interaktion der Mensch-/ Maschinenschnittstelle zu berücksichtigen.

4.2 Leitstellen-Arbeitsplätze

Die Leitstellenarbeitsplätze mit den unterschiedlichen Monitoren, Kommunikations- und Bedienelementen sind konsequent nutzerzentriert zu gestalten. Die Aufteilung und Abwicklung der Arbeitsflächen, soll mit den Greif- und Wirkräumen der Disponenten, sowie den horizontalen und vertikalen Sichtachsen auf die Visualisierungen ausgerichtet sein und so eine intuitive Überwachung und fehlerfreie Bedienung der Systeme sicherstellen.

4.3 Leitstellen-Systemtechnik

Die gesamte Systemtechnik einer Leitstelle, die den kritischen Infrastrukturen zugerechnet wird, ist in der Verfügbarkeitsklasse 3 (99.99 %) mit den entsprechenden Redundanzen zu erstellen. Sämtliche SPOF (Single Point of Failure) sind zu vermeiden. Entsprechende Rückfallebenen sind vorzusehen. Die aktiven Komponenten der System- und Kommunikationstechnik sind entsprechend in separat gekühlte und gesicherte Technikräume abzusetzen. In Erdbeben-Risikogebieten ist die Technik mit Funktionserhalt in die sekundären, erdbebengesicherten Bauteile zu integrieren.

4.4 Umgebungsbezogene Aspekte der Räumlichkeiten

Den umgebungsbezogenen Anforderungen in Leitstellenräumlichkeiten, in denen Mensch und Maschinen in einem 24-Stunden Betrieb interagieren, ist ein besonderer Stellenwert beizumessen. Das wichtigste Ziel bei der Umgebungsgestaltung ist den Leitstellenmitarbeiter ein behagliches Umfeld zur Verfügung zu stellen damit sie im 24/7 Tagesverlauf die optimale Leistungsfähigkeit und Daueraufmerksamkeit erbringen können. Optimierte Arbeitsumgebungen wirken sich direkt auf die Betriebssicherheit und die Gesundheit aus. Umgebungsfaktoren wirken interpendent und sind daher in der Wechselwirkung ganzheitlich zu betrachten. Bei Umgebungsfaktoren, die miteinander in einem Konflikt stehen (wie z.B. der Lärm von Klimaanlagen und die akustische Umgebung in und außerhalb des Gebäudes) ist ein Gleichgewicht zu finden, das den Bedienanforderungen in ausgeglichener Weise gerecht wird. Mit der optimierten Umgebungsgestaltung sind auch die nachteiligen Konsequenzen der Schichtarbeit zu verringern.

4.4.1 Thermische Umgebung

Bei der Ausgestaltung der technischen Gebäudeausstattung ist darauf zu achten, dass die operativen Temperaturen im Sommer- wie im Winterbetrieb den erhöhten Leitstellen Anforderungen entsprechen. Die Heizungs-, Lüftungs- und Klimaanlagen müssen unabhängig von den äußeren klimatischen Bedingungen für ein angenehmes Raumklima mit einer ausgewogenen Lufttemperatur, Luftfeuchte und Luftgeschwindigkeit sorgen. Kälte- und Wärmeinseln in den Leitstellenräumen sind zu vermeiden. Da in der Leitstelle viele wärmeabgebende Geräte verwendet werden, ist darauf zu achten, dass die entstehende Abwärme zweckmäßig abgeführt werden kann und sich die Raumtemperatur und das Klima individuell regeln lassen. Die Luftströme müssen so geregelt sein, dass die Leitstellenmitarbeiter keiner direkten Zugluft ausgesetzt sind. Die Lufteinlass- und Auslassöffnungen sind so anzuordnen, dass keine Kurzschlüsse zwischen den Öffnungen entstehen können und eine gleichmäßige Verteilung der Luft im Raum ermöglicht wird.

4.4.2 Beleuchtung

Der Beleuchtung in den Leitstellen muss ein besonderes Gewicht beigemessen werden, da der Kontrast der Darstellungen auf den Großbildvisualisierungen und den Arbeitsplatzbildschirmen mit steigendem Beleuchtungsniveau im Raum abnimmt. Das Tageslicht ist in der Leitstelle zur Beleuchtung ein ungeeignetes Mittel, da es grossen Schwankungen unterworfen ist und in der Regel auch ohne direkte Sonneneinstrahlung viel zu hell ist. Das Tageslicht hat in der Leitstelle aber einen wichtigen psychologischen und physiologischen Nutzen, da das Personal die Verbindung zur Außenwelt im Tages- und Wetterverlauf aufrechterhalten kann. Die Anordnung der Beleuchtung in der Leitstelle ist so zu wählen, dass auf den Visualisierungsmedien und auf den Bildschirmoberflächen keine Reflexblendungen und Schleierreflexionen entstehen können. Es ist ein harmonischer Mix zwischen Tages- und Kunstlicht anzustreben, der einerseits das Arbeiten auf den Grossbildanzeigen, an den Arbeitsplatzbildschirmen und den User-Interface der Bedienelemente, sowie auch mit Handbüchern und Notizblöcken optimiert.

4.4.2 Raumakustik

Da die Tätigkeit in den Leitstellen hohe Anforderungen an die Konzentrationsfähigkeit stellt, sollte die Lärmbelastung durch Fremdgeräusche möglichst gering sein. Störende Geräusche können einerseits durch die Umgebung wie durch Geräusche von benachbarten (Technik)-Räumen im Gebäude und durch die Betriebsgeräusche der Gebäudetechnik wie Lüftung, Klima, Beleuchtung etc. entstehen. Der Grundschallpegel (Störschall) im unbesetzten Raum ist gesamtheitlich auf einem geringen Niveau zu halten, so dass der maximale Geräuschpegel im Vollbetrieb ein konzentriertes, fehlerfreies Arbeiten sicherstellt. Eine hohe Sprachverständlichkeit, als kritisches Bindeglied in der Kommunikation, ist durch eine optimierte Raumakustik mit geringen Nachhallzeiten im Raum zu gewährleisten. Eine verminderte Sprachverständlichkeit kann bei Fehlern in hektischen Situationen gravierende Auswirkungen haben. Weiter sind Vibrationen im Gebäude durch die Gebäudetechnik zu vermeiden. Tieffrequente Vibrationen unterhalb der Hörschwelle können bei längerer, andauernder Einwirkung gesundheitsgefährdend sein.

5. Praxisbeispiele in der Kooperation von Ergoconcept Engineering mit der B-TU Cottbus-Senftenberg

5.1 Verkehrsmanagement-Zentrale

Die nationale Verkehrsmanagement-Zentrale für Verkehrslenkung, Verkehrssteuerung und Verkehrsinformation überwacht das Nationalstrassennetz mit einer Gesamtlänge von rund 2'250 km und 200 Tunnels mit einer Länge von bis zu 16.9 km. Insgesamt werden in der Zentrale an 10 Stk. 24/7 besetzten Disponenten-Arbeitsplätzen rund 6'000 Kameras überwacht, der Verkehr gesteuert, gelenkt und die Verkehrs-Informationen an die Medien aufbereitet.

Die gemeinsamen Aufgaben in der Kooperation mit der B-TU waren:

- Planung der Disponenten-Arbeitsplätze
- Berechnung der visuellen Komfortzone
- Ermittlung der Lesbarkeit und des Sehkomfort

- Berechnung der minimalen Bildgrössen der Visualisierungsmedien
- Berechnung der empfohlenen Zeichengrössen auf den Arbeitsplatzmonitoren
- Berechnung der Sehwinkel und Sehdistanzen
- Ermittlung der Greif- und Wirkräume auf den Arbeitsplätzen

***Abbildung 1**: Zentrale Verkehrssteuerung des Nationalstrassennetz*

5.2 Optimierung Leitsystem eines Verteilnetzbetreibers

Der Verteilnetzbetreiber einer Metropolregion mit rund 3.8 Mio. Einwohner, der ein Verteilnetz mit rund 80 Umspannwerken und Netzknoten mit rund 36‘000 km Leitungen und Kabel versorgt, beschafft und integriert ein neues ADMS-Netzleitsystem (Advance Distribution Management-System) mit dem an 15 Stk. 24/7 Disponenten-Arbeitsplätzen das Netz in Echtzeit überwacht und gesteuert wird.

Die gemeinsamen Aufgaben in der Kooperation mit der B-TU waren:

- Überprüfung der UX-/ UI Oberflächen
- Gesetzliche- und normative Vorgaben
- Überprüfung der Bedien- und Menueleisten
- Optimierung der Schrift- und Icongrössen
- Beurteilung der Farb-Schemas
- Beurteilung des Leuchtdichteverlaufs
- Überprüfung des Hard-Ware Einsatzes

***Abbildung 2**: Überprüfung der Oberflächen mit Leuchtdichte- und Farbmesskamera*

5.3 Neubau Control Center eines Übertragungsnetzbetreiber

Ein Übertragungsnetzbetreiber in der DACH-Region betreibt ein Höchstspannungs-Netz mit rund 10‘000 km Leitungslänge auf den Spannungsebenen 380 kV/ 220 kV und versorgt auf einer Netzfläche von rund 110‘000 km2 ein Netzgebiet mit rund 18 Mio. Einwohner. Für den sicheren Netzbetrieb wird ein neues Control Center mit 12 Stk. 24/7 Arbeitsplätzen errichtet.

Die gemeinsamen Aufgaben in der Kooperation mit der B-TU waren:

- Umfassende Kontrollraum-Beratung
- Prozessanalysen
- Kommunikations- und Kooperationsanalysen
- Betriebs- und Auslastungsanalysen
- Redundanzkonzepte
- Arbeitsplatz-Ergonomie
- Grossbildvisualisierung der Prozessleitsysteme
- Vorgaben für die Content-Gestaltung
- Qualitätssicherung Beleuchtungsplanung
- Qualitätssicherung Raumakustik

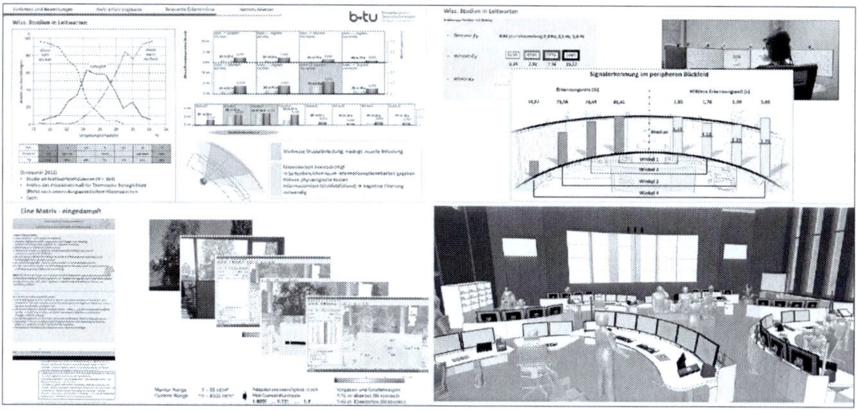

***Abbildung 3**: Systemintegrierte Kontrollraumplanung*

5.4 Sanierung/ Optimierung Kontroll- und Simulatorraum bei einem Kernkraftwerk

Im Rahmen der Energiestrategie 2050 sind der Kontrollraum und der Simulatorraum eines Kernkraftwerkes in der Schweiz auf den neuesten Stand der Technik für den Weiterbetrieb zu ertüchtigen und zu optimieren. Die besonderen Herausforderungen sind der geschützte 24/7 Betrieb ohne Tageslicht und die sichere Bedienbarkeit der haptischen Elemente, sowie die Erdbebensicherheit der verwendeten Komponenten.

Die gemeinsamen Aufgaben in der Kooperation mit der B-TU waren:

- Sanierung im laufenden Betrieb
- Beleuchtungsplanung – Testaufbauten im Labor
- Optimierung Schattenwurf auf die haptischen Bedienelemente
- Erstellung Musterleuchten – Proof of Concept
- Planung der Raumakustik – Optimierung der Sprachverständlichkeit
- Raumgestaltung – Formen und Farben
- Erdbebensicherheit (Raum in Raum Konzept)
- Test der Komponenten (Erdbebensimulation)

Abbildung 4: *Sanierungsprozess eines Kontrollraumes*

6. Der Mensch in der Zukunft in der Leitstelle

Der Mensch wird auch in der Zukunft die entscheidende Rolle in einer Leitstelle oder einem Kontrollraum der kritischen Infrastruktur spielen. Die KI wird vermehrt den Disponenten mit wirkungsvollen, datenbasierten Werkzeugen unterstützen – sie kann ihn aber in der abschliessenden Beurteilung und Handlung von sich immer wieder ändernden Situationen nicht ersetzen. In kritischen Lagen ist der Mensch mit seinem klaren Verstand gefragt, der mit seinen Erfahrungen und seinem Knowhow Situationen richtig bewerten und einschätzen kann.

Die letzte Verantwortung und die rechtliche Haftung von Risikoeinschätzungen und Leistungen können nicht an eine Maschine bzw. an eine Software delegiert werden.

Literatur

1. DIN EN ISO 11064:2001-2014; Ergonomische Gestaltung von Leitzentralen, Beuth
2. DIN EN 50518:2023; Alarmempfangsstellen, Beuth
3. DIN 33402:2020; Ergonomie – Körpermaße des Menschen, Beuth
4. DIN EN ISO 7250:2017; Wesentliche Masse des menschlichen Körpers für die technische Gestaltung, Beuth
5. DIN EN ISO 9241:2000-2023; Ergonomische Anforderungen für Bürotätigkeiten mit Bildschirmgeräten, Beuth

6. DIN EN 894-2:2009; Sicherheit von Maschinen – Ergonomische Anforderungen an die Gestaltung von Anzeigen und Stellteilen, Beuth
7. DIN EN 527:2011; Büromöbel – Büroarbeitstische, Beuth
8. DIN EN 12464:2021; Licht- und Beleuchtung – Beleuchtung von Arbeitsstätten, Beuth
9. DIN 5035 :2007-2022; Beleuchtung mit künstlichem Licht, Beuth
10. DIN EN 17037:2022; Tageslicht in Gebäuden, Beuth
11. DIN 18041:2016; Hörsamkeit in Räumen – Anforderungen, Empfehlungen und Hinweise für die Planung, Beuth
12. VDI 2569:2019; Schallschutz und akustische Gestaltung in Büros
13. DIN EN 7730:2023; Ergonomie der thermischen Umgebung, Analytische Bestimmung und Interpretation der thermischen Behaglichkeit, Beuth
14. DIN EN 50600:2019-2023; Informationstechnik – Einrichtung und Infrastrukturen von Rechenzentren, Beuth
15. ISO/IEC 27000:2018; Informationstechnik – Sicherheitsverfahren – Informationssicherheits-Managementsysteme
16. DIN EN ISO 22301:2024; Sicherheit und Resilienz – Business Continuity Management System, Beuth
17. DIN EN 1998-1/NA 2023; Auslegung von Bauwerken gegen Erdbeben (Eurocode 8) , Beuth
18. BSI; Bundesamt für Sicherheit in der Informationstechnik
19. BSI IT-Sicherheitsgesetz 2.0: 2021
20. BSI-CSAF Standard 2.0 Schwachstellenmanagement
21. BSI IT-KRITIS V:2023; Kritisverordnung
22. BSI KRITIS-Dachgesetz, Kritis-DachG (Einführung ab 2025?)
23. BSI IT-Grundschutzkompendium:2023
24. BSI-Standard 200-1 bis 200-4

Und wer arbeitet morgen? KI, Mensch – oder beide?

Elisabeth IBENTHAL

Institut für Arbeitsschutz der DGUV (IFA),
Alte Heerstraße 111, D-53757 Sankt Augustin
+49 30 13001-3010, Email: elisabeth.ibenthal@dguv.de

Kurzfassung: Die Einführung Künstlicher Intelligenz (KI) verändert die Arbeitswelt grundlegend. Tätigkeiten werden (teil-)automatisiert, durch KI ergänzt und neue Berufsbilder geschaffen. Von der Automatisierung sind besonders Arbeitsplätze im Büro und der Produktion betroffen, während der Bedarf an höherqualifizierten Fachkräften steigt. Entscheidend für eine menschengerechte Arbeitswelt ist die partizipative Einführung von KI-Systemen, begleitet von lebenslangem Lernen, digitaler Grundbildung und klaren ethisch-rechtlichen Rahmenbedingungen. Der Beitrag zeigt auf, wie KI berufliche Tätigkeiten, Arbeitsplätze und Arbeitsanforderungen verändert und ein menschengerechter Wandel der Arbeitswelt gestaltet werden kann.
Schlüsselwörter: Automatisierung, Arbeitsschutz, Polarisierung

1. Künstliche Intelligenz in der Arbeitswelt

Die Einführung Künstlicher Intelligenz (KI) verändert die Arbeitswelt mit einer bislang kaum gekannten Dynamik. In nahezu allen Sektoren und Branchen werden Prozesse durch Algorithmen optimiert, Routineaufgaben automatisiert und Entscheidungsfindungen durch intelligente Assistenzsysteme unterstützt (Tyson & Zysman 2022 / Shen & Zhang 2024). Anwendungen wie KI-basierte Chatbots sind längst Teil des Arbeitsalltags. Zugleich wirft der KI-Einsatz Fragen zum Datenschutz, der ethischen Verantwortung sowie der Rolle des Menschen im Arbeitsprozess auf (Resnik & Hosseini 2024 / Trotta et al. 2023).

Dieser Beitrag zeigt, wie KI berufliche Tätigkeiten, Arbeitsplätze und Arbeitsanforderungen verändert und wie ein menschengerechter Wandel der Arbeitswelt gestaltet werden kann.

2. Arbeitswelt im Umbruch: der Einfluss von KI auf Tätigkeiten und Sektoren

Der zunehmende Einsatz von KI verändert Arbeitsinhalte, Tätigkeitsprofile und Beschäftigungsstrukturen weltweit. Nach OECD (2023) gelten etwa 27 % aller Berufe als stark automatisierungsgefährdet, wobei das Automatisierungspotenzial je nach Einkommensniveau variiert. So ist in Ländern mit hohem Einkommen schätzungsweise 5,5 % der Beschäftigung automatisierbar, während dieser Anteil in Ländern mit niedrigem Einkommen lediglich 0,4 % beträgt (Gmyrek et al. 2023).

Dabei sind mit der Einführung von KI-Systemen drei Trends zu beobachten: Routinetätigkeiten werden durch KI-Systeme ersetzt, anspruchsvollere Tätigkeiten werden durch KI unterstützt und neue Berufsfelder entstehen (Tyson & Zysman 2022 / Peiwen et al. 2025 / Acemoglu & Johnson 2023 / Poba-Nzaou et al. 2021).

(1) Automatisierung routinisierter Aufgaben:

KI und Automatisierungstechnologien ersetzen zunehmend standardisierte Tätigkeiten, die durch feste Abläufe und hohe Wiederholbarkeit gekennzeichnet sind. Besonders betroffen sind dabei Büroarbeitsplätze, etwa in der Buchhaltung, der Abrechnung, der Datenrecherche und -dokumentation sowie in organisatorischen Bereichen wie Terminplanung, Standardkorrespondenz oder Übersetzungen. Prognosen zufolge könnten in der Produktion, im Kundenservice und im Vertrieb bis 2030 weltweit Millionen Arbeitsplätze wegfallen (McKinsey Global Institute 2024 / World Economic Forum 2023 / Gmyrek et al. 2023). Da Frauen in diesen Tätigkeiten überproportional vertreten sind, ist diese Entwicklung auch geschlechterpolitisch relevant (Gmyrek et al. 2023). Aber auch in der Industrie übernehmen KI-gesteuerte Roboter zunehmend Produktionsprozesse (World Economic Forum 2025a).

(2) Transformation bestehender Tätigkeiten:

Viele Tätigkeiten werden jedoch nicht vollständig durch KI ersetzt, sondern lediglich ergänzt (Hammermann et al. 2023). So ermöglicht KI besonders in hochqualifizierten Berufen als Assistenzsystem eine effizientere Ausführung komplexer Aufgaben mit Auswirkungen auf die Arbeitsintensität,

Bearbeitungsgeschwindigkeit und die Ergebnisqualität (OECD 2023 / Gmyrek et al. 2023 / Maslej et al. 2024). Dadurch rücken kognitive Fähigkeiten wie kritisches Denken, Problemlösungsfähigkeit sowie die Fähigkeit zur komplexen Entscheidungsfindung zunehmend in den Mittelpunkt beruflicher Anforderungen. Im Gesundheitswesen ermöglichen KI-Systeme etwa die Analyse großer Patientendatensätze für präzisere Diagnosen und personalisierte Therapieansätze (Secinaro et al. 2021 / Tyson & Zysman 2022).

(3) Entstehung neuer Tätigkeitsfelder:
Parallel entstehen neue, häufig höher qualifizierte Tätigkeitsfelder, besonders in technologieorientierten Sektoren. Die Nachfrage nach Fachkräften im Bereich Datenanalyse, KI-Entwicklung und Cybersicherheit steigt. Parallel dazu verzeichnen auch Berufe in der Bildung, der Landwirtschaft und der digitalen Wirtschaft positive Beschäftigungstrends. Auch im Kreativsektor entwickeln sich neue Berufe rund um generative Inhalte, Augmented und Virtual Reality oder digitales Design. Diese neuen Tätigkeiten erfordern wie nie zuvor eine Kombination aus technologischem Verständnis, kreativen Fähigkeiten sowie sozialen und kommunikativen Kompetenzen.

Tabelle 1 gibt eine Übersicht über die sektoralen Veränderungen, die durch den vermehrten Einsatz von KI zu erwarten sind. Insgesamt zeigt sich eine Polarisierung der Beschäftigungsstrukturen. Während geringqualifizierte Tätigkeiten zurückgehen, gewinnen hochqualifizierte, kreative und soziale Berufe an Bedeutung (Aghion et al. 2021 / Fregin et al. 2023 / Liao et al. 2024). Das World Economic Forum (2025b) prognostiziert trotz der Arbeitsplatzverluste in bestimmten Sektoren bis 2030 einen globalen Nettozuwachs von rund 78 Millionen Arbeitsplätzen, wodurch KI zum Treiber beruflicher Neuordnung wird.

Sektor / Berufsfeld	Automatisierungspotenzial	Veränderung	Tendenz	Beispielhafte Veränderungen
Verwaltung / Büroberufe	Hoch	Substitution & Assistenz	↓ Rückgang	Automatisierung von Korrespondenz, Datenpflege
Produktion / Fertigung	Mittel bis hoch	Substitution & Assistenz	↓ Rückgang	KI-Roboter für Montage, Qualitätsprüfung, Prozessüberwachung
Kundenservice / Vertrieb	Mittel	Substitution & Assistenz	↓ Rückgang	Einsatz von Chatbots, automatisierten Buchungssystemen
Gesundheitswesen	Gering bis mittel	Assistenz	↑ Zunahme	KI-gestützte Diagnostik, Triage-Systeme
MINT	Gering	Neue Berufe	↑ starke Zunahme	Bedarf an KI-Entwicklern, Machine-Learning-Ingenieuren
Bildung / Erziehung	Gering bis mittel	Technologisierung	↑ Zunahme	KI-gestützte Lernplattformen
Kreativwirtschaft	Mittel	Technologisierung & neue Berufe	↑ Zunahme	Designer für generative Inhalte, immersive Technologien
Landwirtschaft	Mittel	Technologisierung	↑ Zunahme	Drohnen, Präzisionslandwirtschaft

***Tabelle 1**: Sektorale Auswirkungen von KI (Gmyrek et al. 2023 / McKinsey Global Institute 2024 / OECD 2023 / Tyson & Zysman 2022 / World Economic Forum 2023 / 2025b)*

3. Exemplarische Betrachtung der Anwendung von KI im Arbeitsschutz

Im Arbeitsschutz kann KI nicht nur Tätigkeiten verändern, sondern auch zur Verbesserung von Sicherheit und Gesundheit bei der Arbeit beitragen. So eröffnet KI neue Potenziale zur Prävention arbeitsbedingter Gesundheitsrisiken, zur frühzeitigen Erkennung von Gefährdungen sowie zur Erhöhung der betrieblichen Sicherheit.

Eine aktuelle Umfrage innerhalb der Sektion Forschung der Internationalen Vereinigung für Soziale Sicherheit (IVSS) aus dem Jahr 2025 zeigt, dass zahlreiche nationale und internationale Arbeitsschutzinstitute intensiv daran arbeiten, KI verantwortungsvoll und wirksam in den Arbeitsschutz zu integrieren.

In Deutschland und der Schweiz existieren bereits praxisnahe Anwendungen, bei denen KI unterstützend wirkt, ohne menschliche Tätigkeiten vollständig zu ersetzen.

So hat die *Schweizer Unfallversicherungsanstalt* (SUVA) einen KI-gestützten Chatbot implementiert, der Fragen zu Prävention, Versicherungsschutz und

Schadenmanagement beantwortet. Bei komplexeren Anliegen erfolgt eine Weiterleitung des Kunden an den menschlichen Kundenservice (Frey 2024). Auch im technischen Arbeitsschutz kommen KI-gestützte Systeme zum Einsatz, wie z. B. ein kamerabasiertes Assistenzsystem für Formatkreissägen, das mithilfe von KI die Annäherung menschlicher Hände erkennt und die Maschine automatisch in einen sicheren Zustand versetzt (Seifen 2023).

Weiterhin ersetzt KI in ausgewählten Bereichen des Arbeitsschutzes zunehmend menschliche Tätigkeiten, wie z. B. bei der Analyse großer Datenmengen. So wird in einem Forschungsprojekt des *Instituts für Arbeitsschutz der DGUV* und der *Bundesanstalt für Arbeitsschutz und Arbeitsmedizin* eine Software zur automatisierten Analyse lungengängiger Faserstäube auf Filterproben mittels rasterelektronenmikroskopischer Verfahren entwickelt (BAuA 2024). Ein Prozess, der bislang manuell durchgeführt wird.

Auch international entstehen neue Forschungsschwerpunkte. In Kanada untersucht das *Institute for Work & Health* sowohl bestehende KI-Anwendungen zur Prävention und Rehabilitation als auch die Auswirkungen der KI-Einführung auf verschiedene Berufsgruppen (Jetha et al. 2023 / Liao et al. 2024). In Finnland befasst sich das *Finnish Institute of Occupational Health* mit der Rolle von KI im Kontext der ökologischen Transformation (Immonen 2024). Auf europäischer Ebene arbeiten im Rahmen des PEROSH-Projekts *ALMA-AI* Arbeitsschutzinstitute aus Finnland, Österreich, Frankreich, Italien, Polen, Spanien und den Niederlanden gemeinsam daran, die Auswirkungen algorithmischen Managements auf den Arbeitsschutz zu erforschen und einen Beitrag für eine ethisch verantwortbare Entwicklung von KI im Arbeitskontext zu leisten (PEROSH 2024).

4. Ansatzpunkte zur Gestaltung einer KI-gestützten Arbeitswelt

KI-Anwendungen können im Arbeitssystem Effizienz, Präzision und Sicherheit steigern und zu erhöhter Arbeitszufriedenheit führen, da Aufgaben schneller und häufig präziser ausgeführt werden. Zugleich bergen sie Risiken wie psychische Belastungen durch Kontrollverlust oder technologische Überforderung. Wie sich die Einführung von KI auf die Beschäftigten auswirkt, hängt maßgeblich von der Implementierungsqualität, der Einbindung der Beschäftigten sowie deren

Qualifikation ab (Maslej et al. 2024 / OECD 2023 / Stowasser et al. 2020). Auch internationale Organisationen wie die ILO betonen die Bedeutung partizipativer Prozesse, um soziale Verwerfungen zu vermeiden (Gmyrek et al. 2023). Die Gestaltung von Mensch-Maschine-Schnittstellen erfordert daher auch bei KI-Systemen ergonomische Prinzipien, um die physische und kognitive Belastung zu minimieren.

Der Wandel der Arbeitswelt ist jedoch nicht ausschließlich technologisch determiniert, sondern gesellschaftlich und unternehmerisch gestaltbar. Entscheidend ist ein Paradigmenwechsel, weg von einer Effizienzsteigerung durch den Einsatz von KI hin zur aktiven Gestaltung menschengerechter Arbeitsbedingungen (Tyson & Zysman 2022). Dabei bilden lebenslanges Lernen und digitale Grundbildung ein zentrales Element der menschengerechten Arbeitsgestaltung (Ellingrud et al. 2023 / Hammermann et al. 2023 / OECD 2023). Neben Spezialwissen in KI und Robotik gilt es aber auch kommunikative und soziale Kompetenzen zu stärken (McKinsey Global Institute 2024).

Zudem verändern sich mit dem technologischen Wandel Arbeitsorganisation und Führung: agile Strukturen, hybride Arbeitsmodelle und Mensch-Maschine-Kollaboration eröffnen Chancen, bergen jedoch auch Risiken wie Entgrenzung, erhöhte Arbeitsintensität oder Kontrollverlust. Auch diese Entwicklung erfordert neue rechtliche und ethische Rahmenbedingungen, um Sicherheit, Teilhabe und Gesundheit nachhaltig zu sichern.

5. Fazit

KI ersetzt menschliche Arbeit nicht grundsätzlich, sondern verändert ihre Inhalte, Strukturen und Anforderungen. Tätigkeiten werden automatisiert oder durch Technologien ergänzt und neue Berufsbilder geschaffen. Der berufliche Kompetenzschwerpunkt verschiebt sich von rein ausführenden Tätigkeiten hin zu analytischen, kreativen und kommunikativen Fähigkeiten.

Zukünftig wird es entscheidend sein, die neuen technologischen Innovationen mit sozialer Verantwortung zu verknüpfen. Der durch KI entstehende Wandel der Arbeitswelt erfordert eine prospektive Arbeitsgestaltung durch gezielte

Qualifizierungsstrategien, lebenslanges Lernen und eine aktive Einbindung der Beschäftigten. Nur unter diesen Voraussetzungen kann eine menschengerechte Arbeitswelt im Zeitalter der KI realisiert werden.

Literatur

1. Acemoglu, D.; Johnson, S. 2023: Choosing AI's Impact on the Future of Work, Stanford Social Innovation Review, Zugriff: 09.05.2025. https://ssir.org/articles/entry/ai-impact-on-jobs-and-work.
2. Aghion, P.; Antonin, C.; Bunel, S.; Jaravel, X. 2021: The Direct and Indirect Effects of Automation on Employment : A Survey of the Recent Literature. In.
3. Bundesanstalt für Arbeitsschutz und Arbeitsmedizin. 2024: Entwicklung und Evaluation eines Analysesystems zur automatisierten, rasterelektronen-mikroskopischen Bestimmung von Asbestfaserkonzentrationen am Arbeitsplatz (AsbestDetect), Bundesanstalt für Arbeitsschutz und Arbeitsmedizin (BAuA), Zugriff: 27.05.2025. https://www.baua.de/DE/Forschung/Forschungsprojekte/f2529.
4. Ellingrud, K.; Sanghvi, S.; Dandona, G.S.; Madgavkar, A.; Chui, M.; White, O.; Hasebe, P. 2023: Generative AI and the future of work in America. In.: McKinsey Gloobal Institute.
5. Fregin, M.-C.; Koch, T.; Malfertheiner, V.; Özgul, P.; Stops, M. 2023: Automatisierungspotenziale von beruflichen Tätigkeiten: Künstliche Intelligenz und Software – Beschäftigte sind unterschiedlich betroffen. In IAB-Kurzbericht. Nürnberg.
6. Frey, A. 2024: Ab jetzt rund um die Uhr für Sie da: Unsere digitale Assistentin, suva, Zugriff: 27.05.2025. https://www.suva.ch/de-ch/ueber-uns/magazin-und-medien/magazin/digitale-assistentin-fragen-und-antworten.
7. Gmyrek, P.; Berg, J.; Bescond, D. 2023: Generative AI and jobs: A global analysis of potential effects on job quantity and quality. In ILO Working Paper. Geneva: ILO.
8. Hammermann, A.; Monsef, R.P.; Stettes, O. 2023: KI und der Arbeitsmarkt: Eine Analyse der Beschäftigungseffekte. In Wirtschaftliche Untersuchungen, Berichte und Sachverhalte. Köln: Institut der deutschen Wirtschaft.
9. Immonen, J. 2024: The role of artificial intelligence in the green transition: solution or part of the problem?, Finnish Institute of Occupational Health, Zugriff: 27.05.2025. https://www.ttl.fi/en/topical/press-release/the-role-of-artificial-intelligence-in-the-green-transition-solution-or-part-of-the-problem.
10. Jetha, A.; Bakhtari, H.; Rosella, L.C.; Gignac, M.A.M.; Biswas, A.; Shahidi, F.V.; Smith, B.T.; Smith, M.J.; Mustard, C.; Khan, N.; Arrandale, V.H.; Loewen, P.J.; Zuberi, D.; Dennerlein, J.T.; Bonaccio, S.; Wu, N.; Irvin, E.; Smith, P.M. 2023: Artificial intelligence and the work-health interface: A research agenda for a technologically transforming world of work, Am J Ind Med, 66: 815-30.

11. Liao, Q.; Shahidi, F.V.; Vu, V.; Biswas, A.; Smith, B.; Willcox, M.; Smith, P. 2024: Machine learning and the labour market. A portrait of occupational and worker inequities in Canada. In. Toronto: Institute for Work & Health.
12. Maslej, N.; Fattorini, L.; Perrault, R.; Parli, V.; Reuel, A.; Brynjolfsson, E.; Etchemendy, J.; Ligett, K.; Lyons, T.; Manyika, J.; Niebles, J.C.; Shoham, Y.; Wald, R.; Clark, J. 2024: The AI Index 2024 Annual Report. In. Stanford: AI Index Steering Committee, Institute for Human-Centered AI.
13. McKinsey Global Institute. 2024: KI beschleunigt Umbrüche am Arbeitsmarkt: Produktivitätsschub von 3% möglich, Zugriff: 09.05.2025. https://www.mckinsey.de/news/presse/2024-05-23-mgi-genai-future-of-work.
14. OECD. 2023: OECD Employment Outlook 2023: Artificial Intelligence and the Labour Market. In. Paris.
15. PEROSH. 2024: ALMA-AI: Exploring OSH Impact of Algorithmic Management & AI, PEROSH, Zugriff: 27.05.2025. https://perosh.eu/project/alma-ai-project-exploring-the-occupational-health-and-safety-impact-of-algorithmic-management-ai-systems/.
16. Poba-Nzaou, P.; Galani, M.; Uwizeyemungu, S.; Ceric, A. 2021: The impacts of artificial intelligence (AI) on jobs: an industry perspective, Strategic HR Review, 20: 60-65.
17. Secinaro, S.; Calandra, D.; Secinaro, A.; Muthurangu, V.; Biancone, P. 2021: The role of artificial intelligence in healthcare: a structured literature review, BMC Med Inform Decis Mak, 21: 125.
18. Seifen, T. 2023: KI-basiertes Assistenzsystem für Formatkreissägen. In Aus der Arbeit des IFA. Sankt Augustin.
19. Stowasser, S.; Suchy, O.; Huchler, N.; Müller, N.; Peissner, M.; Stich, A.; Vögel, H.-J.; Werne, J. 2020: Einführung von KI-Systemen in Unternehmen. Gestaltungsansätze für das ChangeManagement. In Whitepaper aus der Plattform Lernende Systeme. München.
20. Tyson, L.D.; Zysman, J. 2022: Automation, AI & Work, Daedalus, 151: 256-71.
21. World Economic Forum. 2023: Future of Jobs Report 2023. In. Geneva, Schweiz.
22. World Economic Forum. 2025a: The future of jobs in China: the rise of robotics and demographic decline are opening up skills gaps, Zugriff: 09.05.2025. https://www.weforum.org/stories/2025/04/the-future-of-jobs-in-china-the-rise-of-robotics-and-demographic-decline-are-opening-up-skills-gaps/#:~:text=%2A%20More%20than%2090,create%20key%20opportunities%20for%20jobs.
23. World Economic Forum. 2025b: The Future of Jobs Report 2025. In. Geneva, Schweiz.

Digitalisierung in der Wohnungswirtschaft

Dr. Sebastian Herke

Gebäudewirtschaft Cottbus, Geschäftsführung
Werbener Str. 3, D-03046 Cottbus
+49 (0) 355/7826-273, Email: info@gwc-cottbus.de

Kurzfassung: Ziel dieser Abhandlung ist es, die aktuellen Entwicklungen, Anwendungsfelder, Herausforderungen und Perspektiven der Digitalisierung in der Wohnungswirtschaft systematisch darzustellen. Dies ist ein Erfahrungsbericht aus strategischer Sicht der Unternehmensführung.

1. Herausforderungen in der Wohnungswirtschaft

Die Immobilienbranche steht in den kommenden Jahrzehnten vor vier großen Herausforderungen. Dabei ist zu unterscheiden zwischen den wohnungswirtschaftlichen Herausforderungen (Grundbedingungen), wie dem demografischen Wandel infolge von Wachstums- und Schrumpfungsprozessen und den damit verbundenen Nutzungsnachfragen an bezahlbaren und unter sozialen Kriterien vermietbaren Wohnraum aufgrund der wirtschaftlichen Nutzungsdauern auf der einen Seite (1). Des Weiteren ist die Transformation der Bestandsobjekte entsprechend der technischen Aspekte und Lebensdauer der Bauteile sowie die Instandsetzung und Modernisierung des Wohnraums auf der anderen Seite maßgeblich (2). Aus der Perspektive der Mitarbeitenden ergeben sich zudem Fragen bezüglich der Arbeitsplatzgestaltung und der Herangehensweise an Prozesse (New Work) im Unternehmen (3). Die vierte Herausforderung besteht in der Digitalisierung des Unternehmens und der Prozesse (4).

1.1 Digitalisierung in der Wohnungswirtschaft

In einem weiteren Sinne bedeutet Digitalisierung auch die Neugestaltung von Prozessen, Produkten und Dienstleistungen durch digitale Innovationen. Die Integration digitaler Technologien bietet erhebliche Potenziale zur Verbesserung betrieblicher Abläufe, zur Optimierung von Ressourcen und zur Erschließung neuer Geschäftsmodelle.

Die Digitalisierung hat in nahezu allen Branchen Einzug gehalten und etablierte Prozesse grundlegend transformiert. Auch die Wohnungswirtschaft steht vor einem tiefgreifenden Wandel. Als traditionell eher konservativer Sektor sah die Wohnungswirtschaft sich lange nicht als Vorreiter der digitalen Transformation. Die Digitalisierung wird hier durch mehrere Faktoren vorangetrieben, die wesentlichen Treiber der Digitalisierung in der Wohnungswirtschaft lassen sich wie folgt zusammenfassen:

- gesellschaftliche und politische Einflüsse (z. B. demografischer Wandel, bezahlbarer Wohnraum und soziale Wohnraumversorgung, Umwelt- und Nachhaltigkeitsaspekte – ESG und EU-Taxonomie, Klimaneutralität, erhöhte Anforderungen an Transparenz und Effizienz)
- technologische Entwicklungen und Innovationen (Building Information Modeling – BIM, Internet of Things – IoT, Künstliche Intelligenz – KI, Cloud Computing, Enterprise Resource Planning – ERP)
- ökonomischer Aspekte (steigende Kosten für Energie und Bau, Effizienz, Fachkräftemangel)

1.2 Digitale Transformation der Wohnungswirtschaft

Die digitale Transformation umfasst die tiefgreifende Veränderung von Geschäftsmodellen und Unternehmenskulturen durch digitale Technologien. Die Digitalisierung bei den Transformationsprozessen ist ein abteilungsübergreifender Prozess, der die grundlegenden Aufgaben eines Immobilienunternehmens betrachtet und den Prozess der Umwandlung analoger Informationen in digitale Formate sowie die darauffolgende Nutzung digitaler Technologien zur Effizienzsteigerung und Wertschöpfung beschreibt.

Die Digitalisierung verfolgt dabei keinen Selbstzweck. Einen analogen Prozess rein digital abzubilden, bringt keinen Mehrwert, deshalb ist eine Evaluation und auch eine ökonomische Betrachtung der Vorteile der Einführung zu beachten. Aus ökonomischer Sicht eines wirtschaftenden Unternehmens gibt es drei Perspektiven, warum Digitalisierung ein wesentlicher Bestandteil der Immobilienbranche ist:

- Vereinfachung der Prozesse (Entlastung Mitarbeiter, Kosteneinsparung)
- Verbesserung der Servicequalität (Nutzerperspektive)
- Anpassung an neue Aufgaben (Innovationen und Technologien)

2. Beispiele

Zahlreiche Pilotprojekte zeigen bereits heute, wie der digitale Wandel umgesetzt werden kann. Verschiedene Wohnungsunternehmen testen derzeit digitale Lösungen wie Heizungssteuerung, Funkrauchmelder oder digitale Zutrittskontrollen. Diese Projekte dienen der technischen Erprobung, der Rückkopplung von Nutzermeinungen und der Bewertung des wirtschaftlichen Nutzens. Erfolgreiche Pilotprojekte schaffen Akzeptanz, senken die Einführungsbarrieren und helfen bei der Skalierung für die Wohnungsunternehmen.

Voraussetzung für viele digitale Funktionen ist eine leistungsfähige Internetanbindung der Gebäude. Der flächendeckende Ausbau von Glasfaseranschlüssen auf der Netzebene 3 (bis in die Gebäude) stellt die Basis für stabile und sichere Datenverbindungen dar, was essenziell für Smart-Home-Anwendungen, IP-basierte Kommunikation oder Fernwartungssysteme ist.

Dabei gewinnt die Zusammenarbeit zwischen Property Technology (PropTech) und etablierten Wohnungsunternehmen an Bedeutung. PropTech bezeichnet technologische und digitale Lösungen und Innovationen speziell für den Immobiliensektor, insbesondere Künstlicher Intelligenz und Cloud-Software zur Effizienzsteigerung in der Bau-, Immobilien- und Wohnungswirtschaft. Sie übernehmen teilweise klassische Funktionen der Immobilienunternehmen und bieten Plattformmodelle. Die Einführung der Software ist oftmals mit einem hohen Aufwand verbunden und es entstehen technologische Abhängigkeiten. Hinzu kommen hohe Kosten aufgrund von Abo-Modellen oder Wartung.

Im Folgenden werden die Anwendungsschwerpunkte während der Nutzungsdauer im Objektbetrieb (Kapitel 2.1) und in der Objektverwaltung (Kapitel 2.2) beschrieben. Jedoch können schon während der Planung von Gebäuden werden umfangreiche digitale Modelle erstellt, die über die rein CAD-Zeichnung (Computer-Aided Design) hinaus gehen und die digital erstellten Bauteile mit Eigenschaften versehen. Mit diesem Building Information Modeling (BIM) lassen sich Bauvorhaben virtuell planen, simulieren und koordinieren. Während der Bauzeit verbessern digitale Bauakten und cloudbasierte Plattformen die Kommunikation zwischen Architekten, Planern und Bauunternehmen. Baustellen-Apps erfassen Fortschritte und Mängel in Echtzeit. Mit dem BIM wird ein zuverlässiges Datenmodell erstellt, welches während der Nutzungsdauer einer Immobilie als Grundlage für weitere Auswertungen und Betrachtungen dienen kann.

2.1 Objektbetrieb

Der Betrieb von Wohnimmobilien wird durch digitale Technologien zunehmend vernetzter und effizienter. Im Mittelpunkt steht dabei der Einsatz von Sensorik und Automatisierung zur Optimierung von Wartung/Instandhaltung, Erfassung von Verbrauchsdaten und Steuerung der Gebäude. Ein zentraler Aspekt ist die Vernetzung aller digitalen Komponenten über ein leistungsfähiges ERP-System. Dieses dient als Datenbasis für den Betrieb und verbindet Informationen der verschiedenen Systeme.

2.1.1 Digitale Mess- und Verbrauchserfassung

Die automatisierte Erfassung von Strom-, Wasser- und Heizungsverbrauch erfolgt über funkbasierte Zähler. Diese Daten können direkt in Abrechnungssysteme übernommen und den Mietern über digitale Portale zur Verfügung gestellt werden. Neben der Transparenz für die Nutzer verbessert dies die Effizienz in der Nebenkostenabrechnung.

2.1.2 Smart-Building-Technologien

Durch intelligente Steuerungssysteme können Heizung, Licht und Lüftung bedarfsgerecht geregelt werden. Die Anbindung an Wetterdaten oder Nutzerverhalten führt zu Energieeinsparung und erhöhtem Wohnkomfort. Besonders in Mehrfamilienhäusern lassen sich durch diese Systeme Verbrauchsdaten gezielt auswerten und steuern.

Die Digitalisierung der Heizungskeller und das Monitoring der Heizstationen sind ein Beispiel für die sinnvolle Datenerfassung und Auswertung des Betriebes. Zwar kann die Sensorik die Verbräuche an den Anlagen erfassen (Wärmemengenzähler) jedoch sagt dies nichts über die Anlageneinstellungen an sich aus.

Zudem finden Wartungen an den Anlagen im Abstand eines definierten Zeitraums statt. Mit einem Monitoring können „blinde Flecken" aufgedeckt und Betriebszeiten optimiert werden. So führen optimierte Anlageneinstellungen bei Heizanlagen nach Betriebszeiten und dem Absenken der Temperaturen zu erheblichen Kosteneinsparungen bei gleichzeitig geringem Verschleiß, ohne Nutzungseinschränkungen oder Defizite für Mieter.

2.1.3 Wartung, Instandsetzung, Objektzugriff

Mitarbeitende im technischen Dienst können über mobile Endgeräte auf digitale Objektakten zugreifen, Wartungsberichte erfassen oder Reparaturaufträge direkt dokumentieren. Der Zugriff erfolgt standortunabhängig oder direkt am Objekt. Sensorik erfasst kontinuierlich Betriebsdaten von gebäudetechnischen Anlagen wie Heizungen, Aufzügen oder Lüftungsanlagen. Diese Daten werden in Echtzeit analysiert, um potenzielle Störungen frühzeitig zu identifizieren. So können Ausfallzeiten reduziert und Folgeschäden verhindert werden. Zudem wird der Personaleinsatz optimiert.

Funkvernetzte Rauchwarnmelder ermöglichen eine zentrale Überwachung der Gerätefunktionen und Batteriestände ohne Wohnungszutritt. Weitere Sensoren zur Temperatur-, Feuchte- oder Bewegungserfassung ergänzen das Aufgabenspektrum. Die Daten werden in plattformenbasierten Systemen erfasst, die Wartungsprozesse, Störmeldungen oder Energiemanagement automatisieren.

2.1.4 Sicherheit und Überwachung

Digitale Schließsysteme ersetzen zunehmend herkömmliche mechanische Schließanlagen. Sie ermöglichen eine flexible Zugangssteuerung für Mitarbeitende, Dienstleister oder Notfalldienste. Zutrittsrechte können digital vergeben und angepasst werden, auch temporär. Die Systeme erhöhen Sicherheit und Komfort, insbesondere bei Gemeinschaftsräumen, Technikzentralen oder leer stehenden Wohnungen.

Zur Erhöhung von Sicherheit und zur Verhinderung von Vandalismus kommen zunehmend Kameraüberwachungssysteme in öffentlich zugänglichen Bereichen zum Einsatz. Die Installation erfordert strenge rechtliche Prüfungen, insbesondere im Hinblick auf DSGVO-Vorgaben und Speicherfristen. Werden sie korrekt eingesetzt, erhöhen sie das subjektive Sicherheitsgefühl und unterstützen bei der Aufklärung von Straftaten.

2.2 Objektverwaltung

Die Digitalisierung erfasst zentrale Bereiche des Immobilienmanagements und verändert insbesondere Prozesse in Vermietung, Kundenkommunikation, Datenverarbeitung und Dokumentenmanagement.

2.2.1 Vermietungsprozess

Der Bewerbungsprozess für Wohnungen ist zunehmend digitalisiert und moderne Vermietungsprozesse basieren zunehmend auf digitalen Plattformen. Exposés werden direkt auf Immobilienportalen gestellt und helfen bei der automatisierten Vorauswahl von Mietern. Virtuelle Rundgänge und Online-Besichtigungen ersetzen physische Vor-Ort-Termine oder ergänzen sie. Kalenderintegration und digitale Terminvergaben erleichtern die Koordination, während automatisierte Bonitätsprüfungen und elektronische Dokumente den Vermietungsprozess beschleunigen.

2.2.2 Kundenkommunikation

Mieterportale dienen heute als zentrale Anlaufstelle für Anliegen wie Reparaturmeldungen, Dokumentenzugriff oder Mitteilungen. Ergänzend kommen KI-gestützte Anrufbeantworter und Chatbots zum Einsatz, die rund um die Uhr erreichbar sind und Routineanfragen effizient beantworten. Die Integration dieser Tools in bestehende Systeme ermöglicht Kommunikationsprozesse, die sowohl die Servicequalität verbessern als auch das Personal entlasten.

Ein aktuelles Beispiel ist die unterjährige Verbrauchserfassung. Diese ist vom Gesetzgeber zwingend vorgeschrieben. Verbrauchsdaten müssen dem Mieter monatlich bereitgestellt werden. Eine Bereitstellung dieser Daten kann klassisch per Brief erfolgen, was Aufwand für Versand, Portogebühren und Verbrauch von Ressourcen verursacht. Das Bereitstellen der Daten kann jedoch auch per elektronischer Übermittlung per E-Mail oder datenbankbasiert über ein Mieterportal erfolgen. Der Mehrwert liegt in der tagesaktuellen Bereitstellung der Daten und der Vergleichbarkeit mittels einer entsprechenden personalisierten Darstellung.

2.2.3 Datenbanken und Dokumentenverwaltung

Die Grundlage für eine funktionierende Digitalisierung bilden moderne ERP-Systeme (Enterprise Ressource Planning), die verschiedene Datenquellen und Prozesse miteinander verknüpfen. Sie ermöglichen eine einheitliche Datenbasis für Vermietung, Instandhaltung, Abrechnung und Kommunikation. Eine modulare Architektur, Cloud-Fähigkeit und offene Schnittstellen sind dabei entscheidende Kriterien für Flexibilität und Skalierbarkeit. Sie ermöglichen den Zugriff auf Daten nicht nur innerhalb des Unternehmens, sondern auch beim Kunden (Mietvertragsbeginn, Störungsmeldung, Wohnungsabnahme) und im Objekt (Schadensmeldung, Objektbegehung, Revision).

2.2.4 Künstlichen Intelligenz in der Wohnungswirtschaft

Der Stand der Künstlichen Intelligenz (KI) in der Wohnungswirtschaft entwickelt sich derzeit sehr dynamisch, steht aber noch am Anfang der Entwicklung und wird zumeist testweise eingesetzt. Derzeit existieren einzelne Pilotprojekte. Anwendungsbeispiele, die explizit auf die Wohnungswirtschaft zutreffen, sind folgende:

- Kundenservice
  - Beantwortung und Dokumentation von Anfragen und Störungen
  - Mieterkommunikation (Chatbots und Anrufbeantworter)
- Vermietung
  - Mieterauswahl und Bonitätsprüfung
- Betrieb bspw. bei Energieverbrauch oder Sensordaten
  - Wartungsbedarfe prognostizierten (z. B. Heizungsanlagen, Aufzüge)
  - Mustererkennung
  - Gebäudeautomation (Smart-Building)

3. Risiken und Herausforderungen

Trotz der Potenziale existieren zahlreiche Herausforderungen. Derzeit steht die Immobilienwirtschaft am Anfang des Digitalisierungsprozesses. Die Zurückhaltung der Unternehmen beruht auf den folgenden Hindernissen:

- Datenverfügbarkeit und rechtliche Unsicherheiten (insbesondere Datenschutz)
- Akzeptanz (Nutzer und Mitarbeitende)
- technische Infrastruktur und Investitionskosten
- Standardisierung

3.1 Datenverfügbarkeit und rechtliche Unsicherheiten

Die IT-Landschaften vieler Unternehmen sind fragmentiert und nicht auf offene Schnittstellen ausgelegt. Datenschutzanforderungen, insbesondere im Umgang mit Mieter- und Verbrauchsdaten, stellen hohe Anforderungen an Sicherheit. Ein zentrales Problem stellt die Verfügbarkeit qualitativ hochwertiger und strukturierter Daten dar. Viele Wohnungsunternehmen verfügen über heterogene Datenquellen und nicht integrierte Systeme. In Kombination mit rechtlichen Unsicherheiten, etwa zur Anwendung der DSGVO auf KI-Systeme oder zur Datenweitergabe an Dritte, entsteht derzeit ein Spannungsfeld, das Investitionsentscheidungen hemmt.

3.2 Akzeptanz

Derzeit fehlt es an digitaler Kompetenz bei den Mitarbeitenden. Nicht zuletzt besteht eine kulturelle Trägheit: Digitalisierung wird oft als technisches Projekt verstanden, nicht als strategischer Wandel. Die Akzeptanz digitaler Technologien hängt stark von der Benutzerfreundlichkeit ab und erfordert gezielte Schulungs- und Change-Management-Maßnahmen.

Auch auf Nutzerseite, etwa bei älteren Mietergruppen, ist die Bereitschaft zur Nutzung digitaler Angebote nicht immer gegeben.

3.3 technische Infrastruktur und Investitionskosten

Die technische Infrastruktur vieler Wohnungsunternehmen ist nicht auf cloudbasierte Systeme ausgelegt. Hohe Investitionskosten, insbesondere für ERP-Migrationen,

Sensorik oder IT-Sicherheit, sind eine Hürde. Gleichzeitig fehlen oft transparente Kosten-Nutzen-Rechnungen zur wirtschaftlichen Bewertung digitaler Projekte. Investitionen in neue Technologien konkurrieren mit Sanierungs- und Neubaukosten, vor allem bei den Preissteigerungen für Bauleistungen.

3.4 Standardisierung

Fehlende Regulierungen oder Standards stehen den hohen Investitionskosten aufgrund der hohen Anzahl an zu implantierenden Wohnungen oder Ausstattungen gegenüber. Ein weiteres Hemmnis: Digitale Lösungen sind Insellösungen ohne offene Schnittstellen, was zu ineffizienten Prozessen führt. Branchenweite Normen und Standards sind ein wichtiger Schritt zur Skalierung digitaler Anwendungen.

4. Fazit

Die Digitalisierung bietet der Wohnungswirtschaft erhebliche Chancen zur Effizienzsteigerung (Unternehmensziele), Kundenzufriedenheit (Nutzerziele) und Nachhaltigkeit (gesellschaftliche Ziele). Die Wohnungswirtschaft steht bei der Digitalisierung des Bestandes und der Prozesse zwischen Experiment und Professionalisierung. Während einzelne Anwendungen derzeit vielversprechende Lösungen bieten, führen vor allem das hohe Investitionsvolumen, die Vielzahl der beteiligten Akteure und Schnittstellen sowie vor allem rechtliche und technische Unsicherheiten zu einem zurückhaltenden Vorgehen, obwohl teilweise die operativen Vorteile auf der Hand liegen. Bei entsprechender (technischer) Standardisierung und Akzeptanz wird in den nächsten Jahren die Digitalisierung zur Steigerung der Produktivität beitragen.

Trotz dieser bestehenden Herausforderungen wird die Digitalisierung zum strategischen Handlungsfeld, welches über eine Anwendung in den EDV-Abteilungen hinaus gehen und sich grundlegend in den Kernprozessen eines Wohnungsunternehmens etablieren wird. Entscheidend ist nicht ausschließlich die Einführung und Verfügbarkeit neuer Technologien, sondern ein ganzheitlicher Wandel in Richtung einer digital gestützten Wohnungswirtschaft. Die Etablierung einer digitalen Strategie in allen Organisationseinheiten ist Voraussetzung für den langfristigen Erfolg. Wesentliche Schritte zum weiteren digitalen Ausbau der Unternehmen beinhalten:

- Aufbau digitaler Kompetenzen bei Mitarbeitenden
- Erhöhung der Akzeptanz bei Kunden
- Investitionen in Technologien und Plattformen
- Integration in bestehende (ERP-)Systeme
- Zusammenarbeit mit Dienstleistern
- Schaffung eines rechtlichen Rahmens (u. a. Datenschutz)
- Schaffung einheitlicher technischer Standards

Literatur

1. Euler-Rolle, Elijah: Der Einfluss von Künstlicher Intelligenz auf die Immobilienvermarktung: Chancen, Herausforderungen und aktuelle Anwendungen. Wien: Masterthesis, 2025.
2. Gedaschko, Axel: Das Wohnen wird digital – Herausforderungen für die Wohnungs- und Immobilienwirtschaft. In: Forum für Zukunftsenergien e. V.: Chancen und Herausforderungen durch die Digitalisierung der Wirtschaft. Berlin, 2016, S. 124-133.
3. GdW Bundesverband deutscher Wohnungs- und Immobilienunternehmen e. V.: Positionspapier – 10 Punkte für die Digitalisierung in der Wohnungswirtschaft. Berlin: Eigenverlag, 2025.
4. ZIA Zentraler Immobilien Ausschuss: Digitalisierungsstudie 2023: Digitalisierung in der Immobilienbranche: Stockt der Fortschritt? Berlin: Eigenverlag, 2023.

Gesündere Industriearbeit durch Arbeitssysteme, die sich physisch an den Menschen anpassen

Sebastian SCHLUND[1,2], David KOSTOLANI[1]

[1]Technische Universität Wien, Theresianumgasse 27, A-1040 Wien
[2]Fraunhofer Austria Research GmbH, Theresianumgasse 7, A-1040 Wien
+43 (0) 664605882401, Email: sebastian.schlund@tuwien.ac.at

Kurzfassung: Der Beitrag zeigt anhand anwendungsnaher Forschungsprojekte, wie adaptive Arbeitssysteme umgesetzt werden können und welche Effekte sie auf die gleichzeitige Erhöhung von Arbeitsproduktivität und Wohlbefinden haben können.

Schlüsselwörter: Arbeitssystemgestaltung, Ergonomie, Künstliche Intelligenz, Human Activity Recognition

1. Die Triple Transition und die Schwierigkeit der Gleichzeitigkeit

Unter dem Begriff Triple Transition wird die aktuell stattfindende Transformation unserer Gesellschaft in den drei Gestaltungsdimensionen Digitalisierung, Nachhaltigkeit und Demographischer Wandel verstanden. Keine der Entwicklungen ist innerhalb der letzten Jahre neu entstanden; jedoch ist die Dynamik, mit der diese Entwicklungen unsere Lebens- und Arbeitswirklichkeit treffen, deutlich gestiegen. Nachhaltigkeit findet sich mittlerweile stark als gesetzliche Vorgabe und zunehmend häufig als (Ver-)Kaufsargument wieder. So wird beispielsweise für Unternehmen mit „nicht-nachhaltigen Prozessen“ mit der EU-Taxonomieverordnung (Europäische Kommission, 2020) der Zugang zum Kapitalmarkt erschwert. Digitalisierung treibt als Querschnittstechnologie Innovationen in allen Branchen voran. Mit den aktuellen Entwicklungssprüngen, vor allem im Bereich Künstlicher Intelligenz (KI) drängen neue Möglichkeiten der Automatisierung vormals menschlicher Tätigkeiten in die Arbeitsgestaltung. Als dritter Treiber der Triple Transformation sorgt der demographische Wandel in Mitteleuropa dafür, dass schon heute viele Bereiche mit einem Arbeitskräftemangel konfrontiert sind, der beispielsweise im Bereich der Schichtarbeit zu massiven Produktivitätseinbußen führt. Für jede dieser

Entwicklungen existieren aus heutiger Sicht prinzipielle Chancen- und Risikoszenarien – sowohl hinsichtlich der Konsequenzen ihrer Ausgestaltung auf individueller, betrieblicher als auch auf volkswirtschaftlicher Ebene. Was die aktuelle Situation besonders macht, ist die Gleichzeitigkeit dieser Entwicklungen, die vor allem durch zahlreiche gegenseitige Verflechtungen gekennzeichnet ist. Die Aufgabe der prospektiven Arbeitsgestaltung ist es, die sich bietenden Chancen der Entwicklungen aufzugreifen und nutzbar zu machen – am besten mit innovativen Konzepten, welche die Wettbewerbsfähigkeit des Wirtschaftsstandorts Mitteleuropa stärken. Der folgende Beitrag stellt am Beispiel ausgewählter Projekte im Bereich adaptiver Arbeitssysteme dar, wie KI-Technologien zur Steigerung von Arbeitsproduktivität und Wohlbefinden beitragen können.

2. Wie KI Ergonomie zugänglich macht

Arbeitsbedingte Muskel-Skelett-Erkrankungen (MSE) sind nach wie vor einer der häufigsten Gründe für Krankenstände und Präsentismus (Bevan, 2015). Die Aufgabe der Ergonomiebewertung von Arbeitssystemen ist vor diesem Hintergrund, a priori Risiken für MSE zu identifizieren. Aktuell erfolgt die Ergonomiebewertung meist durch Beobachtungen von ExpertInnen, die anhand ihrer Erfahrungen und meist mithilfe strukturierter Bewertungsverfahren Maßnahmen ableiten. Neuere Ansätze der Nutzung körpergetragener IMUs ermöglichen eine genauere Messung der Körperposen, eignen sich jedoch aufgrund ihres invasiven Charakters nicht für Messungen und Bewertungen in der Praxis. Auf Nutzerseite kennen aktuell 2/3 der Befragten den Begriff „Ergonomie" gar nicht (Jasiak, 2017). In einer anderen Studie gaben 66% der befragten Manager geben an, dass passende Ergonomie-Strategien angewendet werden, aber nur 20% befragter Arbeitskräfte verfügen über ausreichend Informationen (Van Eert et al., 2022). Somit wird die Suche nach Lösungen für die Ergonomiebewertung motiviert, die prozessintegriert die Ergonomie bewerten sowie Mitarbeiter rechtzeitig und prozessintegriert für das Thema sensibilisieren. Im Projekt Ergo4All wird deshalb eine KI-App zur Selbst-Analyse bei Arbeitstätigkeiten entwickelt.

Die App soll Bewusstsein über Ergonomie stärken durch einen interaktiven Ansatz. Dazu werden mit der integrierten Kamera handelsüblicher Smartphones Videos von

Arbeitstätigkeiten aufgenommen und auf ihre Ergonomie analysiert. Einzelne Körperregionen werden separat dargestellt und in den gebräuchlichen Farbcodes hinsichtlich ihrer Belastung visualisiert. Die zugrunde liegende KI erzeugt dafür numerische Ergebnisse auf der Grundlage gebräuchlicher Ergonomie-Scoringverfahren. Dies ermöglicht eine Live-Analyse der Ergonomie. Jedoch müssen die Ergebnisse, wie die folgende Abbildung zeigt, nach wie vor interpretiert werden. Im Vergleich zu den aktuell gebräuchlichsten Verfahren, zeugen erste Tests und die Rückmeldungen von AnwenderInnen sowie ErgonomieexpertInnen von stark verbesserter Interpretierbarkeit und Kontextualisierung durch die zeitnahe Ausgabe der Ergebnisse sowie die Visualisierungen.

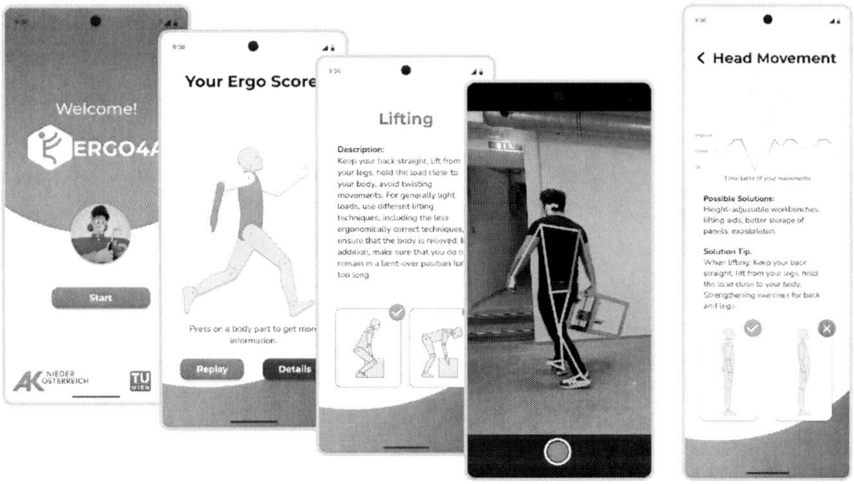

***Abbildung 3**: Ausgewählte Darstellungen des Ergonomie-App-Prototypen Ergo4A*

3. Anpassung der Arbeit an den Arbeitskontext

Die Anpassung der Arbeit und der Arbeitssysteme an den Menschen ist eine der ältesten Forderungen der Ergonomie und geht zurück bis weit ins 19. Jahrhundert (Jastrzębowski, 1857). Nach der DIN/ISO 6385 (DIN EN ISO 6385, 2016) soll ein optimal gestaltetes Arbeitssystem „zugänglich und nutzbar sein für eine möglichst große Gruppe von Menschen“ sein und menschzentrierten Gestaltungsprinzipien folgen und diese umsetzen. Heute geschieht das durch eine Modellierung der Zielpopulation anhand der Perzentillogik und einer Systemgestaltung, welche die prinzipielle Zugänglichkeit für einen Großteil der potenziellen Nutzer vorsieht. Allerdings bleibt dieser Gestaltungsansatz in der Regel statisch und sieht kaum individuelle Einstellungsmöglichkeiten einer prozessintegrierten Anpassung von Arbeitssystemen an den jeweiligen Nutzer und/oder an weitere Charakteristika des Arbeitssystems vor. Am Beispiel eines schutzzaunlosen Mensch-Roboter-Arbeitsplatzes zeigten (Mohammed et al, 2016) bereits vor gut einem Jahrzehnt die Potenziale prozessintegrierter Zusammenarbeit zwischen Mensch und Maschine. KI unterstützt hier bei der Umsetzung sowie bei der effizienteren und intuitiveren Mensch-Maschine-Interaktion. Hinsichtlich der Interaktion lassen sich hierbei zwei grundsätzliche Konzepte unterscheiden. Bei der expliziten Interaktion geben Menschen der Maschine explizite (klare und bewusste) Signale. Über Eingabegeräte oder -modi wie Tastatur, Maus, Sprachbefehle, Gesten werden diese Befehle an eine Verarbeitungseinheit übergeben und dann für die Ausführung einer maschinellen Aktion nutzbar gemacht. Bei der impliziten Interaktion erfassen Sensorsysteme das Arbeitssystem im Sinne einer Intentionserkennung. Hierbei werden regelbasierte Ansätze und zusätzlich KI-Ansätze genutzt, um (schwache) Signale für wahrscheinliche zukünftige Interaktionen zu detektieren. Für adaptive Arbeitssysteme können dies beispielsweise Mikrogesten, menschliche Posen oder Informationen zum Arbeitskontext sein. Das Forschungsfeld Human Action Recognition (HAR) befasst sich dabei mit der automatisierten Schätzung der (Arbeits-)Tätigkeit aus Sensordaten und ermittelt somit den „Arbeitskontext“ für Interaktionen. Aktuell wird HAR meist kamerabasiert umgesetzt, indem entweder eine Punktwolke, meist jedoch ein 2D-RGB-Stream oder die detektierten Skelett-Punkte genutzt werden. Neben diesen lassen sich jedoch auch weitere Sensoren nutzen, wie beispielsweise Inertial Measurement Units (IMU) oder Audio-Spektrogramme (Fink et al., 2024).

HAR spielt eine wichtige Rolle, wenn es darum geht, physische Arbeitskontexte zu analysieren und Systeme an diese anzupassen. Zwar kann eine mittels KI erkannte Körperhaltung rechnerisch einen hohen ergonomischen Risikowert aufweisen, doch ohne den konkreten Arbeitskontext bleibt unklar, ob tatsächlich Anpassungen erforderlich sind, wie diese die Produktivität steigern könnten und in welcher Form das Arbeitssystem optimiert werden sollte. Um die Genauigkeit der physischen

Anpassung von Systemen an Menschen zu erhöhen, wurde ein integrierter Ansatz entwickelt, der HAR mit der RULA-Methode (McAtamney & Corlett, 1993) kombiniert. Dieses Modell klassifiziert Ganzkörperbewegungen und ermittelt entsprechende RULA-Werte. Bewegungen, die für die Arbeitsergonomie nur von geringer Relevanz sind, werden dabei herausgefiltert, sodass ausschließlich relevante Haltungen betrachtet werden können.

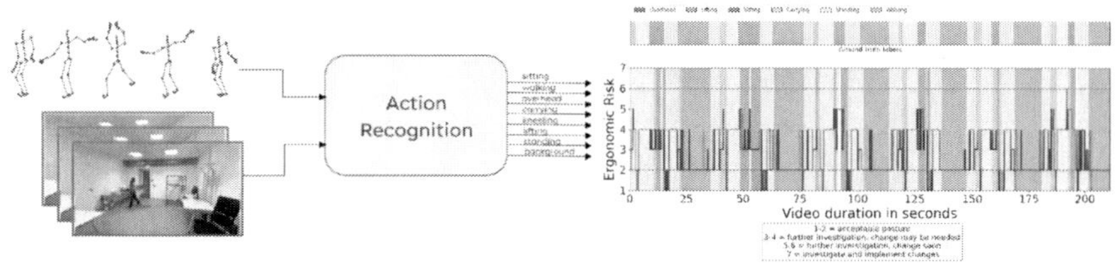

***Abbildung 1**: Integration eines HAR Modells und KI-basierter Ergonomiebewertung (Ljajic et al, 2025)*

Adaptive Arbeitssysteme ermöglichen eine dynamische Anpassung an ergonomische Anforderungen. Für die Nutzung von HAR im Rahmen der Arbeitsgestaltung zeigt der Prototyp eines adaptiv-höhenverstellbaren Schreibtisches in der folgenden Abbildung das Grundprinzip. Die optimale Arbeitshöhe ist abhängig von der Anthropometrie (Körperbau & -größe), der jeweils ausgeführten Arbeitstätigkeit und der jeweiligen Körperhaltung. So liegt beispielsweise je nach Körperhöhe und Arbeitstätigkeit ein Unterschied der jeweils optimalen Arbeitshöhe von bis zu 50 Zentimeter, je nachdem, ob die Arbeitstätigkeit hohe Seh- und Präzisionsanforderungen beinhaltet oder es sich um die Einbringung größerer Kräfte in ein Bauteil handelt. In den dargestellten Prototypen detektiert ein Algorithmus Bilder des Videostreams einer 2D-RGB-Kamera hinsichtlich relevanter Skelettpunkte des Mitarbeiters. Daraufhin wird der RULA-Score berechnet und in Abhängigkeit davon die jeweils optimale Arbeitshöhe des Schreibtisches eingestellt.

***Abbildung 2**: Prototyp eines adaptiv-höhenverstellbaren Schreibtisches (Kostolani et al., 2025)*

4. Zusammenfassung und Ausblick

Die innovative Nutzung von Technologien der Automatisierung und Digitalisierung zur Gestaltung adaptiver Arbeitssysteme ermöglicht gleichzeitig die Steigerung von Arbeitsproduktivität und Wohlbefinden. Dies wird erreicht, indem sich Arbeitssysteme dynamisch an die jeweils von Nutzer und vom Prozess geforderten Parameter einstellen und somit Zeiten zur Klärung und Handhabung von Materialien und Informationen reduziert werden. Gleichzeitig können somit Interaktionen stärker in die Prozesszeiten integriert und somit parallelisiert werden. Damit passen sich Arbeitsplätze nicht nur stärker den jeweiligen Nutzern an, sondern ermöglichen echtzeitnahe Analysen und Anpassungsmaßnahmen. Die beiden vorgestellten Projekte A2P und Ergo4A zeigen beispielhafte Umsetzungen adaptiver Arbeitssysteme auf sowie, obwohl jeweils noch nicht abgeschlossen, bereits vielversprechende Rückmeldungen aus Labor- und Feldversuchen

Danksagung

Die vorgestellten Ergebnisse wurden in den Projekten A2P und Ergo4A entwickelt. Das Projekt A2P (Framework zur Industrialisierung adaptiver Assistenzsysteme in der Produktion) wird von der Österreichischen Forschungsförderungsgesellschaft

(FFG) gefördert und von der TU Wien geleitet mit den Projektpartnern Infineon Technologies Austria AG, 46NORD AUTOMATION GMBH, Siemens Aktiengesellschaft Österreich
Siemens Mobility Austria GmbH, Universität Innsbruck. Das Projekt Ergo4A (Ergonomics for All) wird von der Arbeiterkammer Niederösterreich (Projektfonds Arbeit 4.0) gefördert. Im Forschungsprojekt arbeitet die TU Wien mit der FH St. Pölten zusammen.

Literatur

1. Europäische Kommission 2024a. Verordnung (EU) 2024/1781 des europäischen Parlaments und des Rates vom 13. Juni 2024 zur Schaffung eines Rahmens für die Festlegung von Ökodesign-Anforderungen für nachhaltige Produkte, zur Änderung der Richtlinie (EU) 2020/1828 und der Verordnung (EU) 2023/1542 und zur Aufhebung der Richtlinie 2009/125/EG, https://eur-lex.europa.eu/legal-content/DE/TXT/PDF/?uri=OJ:L_202401781 [abgerufen am 16. April 2025]
2. Europäische Kommission, 2020. Regulation (EU) 2020/852 of the European Parliament and of the Council of 18 June 2020 on the establishment of a framework to facilitate sustainable investment, and amending Regulation (EU) 2019/2088 (Text with EEA relevance) https://eur-lex.europa.eu/legal-content/DE/TXT/HTML/?uri=CELEX:32020R0852 [abgerufen am 16. April 2025]
3. Jastrzębowski, W. (1857). The Outline of Ergonomics, i.e. Science of Work, Based on the Truths Taken from the Natural Science. Republished in English in San Diego: International Ergonomics Association.
4. DIN EN ISO 6385:2016-12. Grundsätze der Ergonomie für die Gestaltung von Arbeitssystemen / Ergonomics principles in the design of work systems (ISO 6385:2016); Deutsche Fassung EN ISO 6385:2016
5. Mohammed A, Schmidt B, Wang L (2017) Active Collision Avoidance for Human–Robot Collaboration Driven by Vision Sensors. International Journal of Computer Integrated Manufacturing 30(9):970–980.
6. Fink, L., Kostolani, D., Trautner, T., & Schlund, S. (2024). Make some Noise: Acoustic Classification of Manual Work Steps Towards Adaptive Assistance Systems. Procedia CIRP, 127, 135-140.
7. Kostolani D., Frey B., Ljajic A., Idinger S., Schlund S. (2025). Abraka-Assembly: Ein KI-Montagetisch, der sich an ungünstige Körperposen adaptiert. In: GfA, Sankt Augustin (Hrsg) Arbeit 5.0 Menschenzentrierte Innovation für die Zukunft der Arbeit.
8. Ljajic A., Kostolani D., Idinger S., Schlund S. (2025). Ergonomie, klar, aber bei welcher Task?: Integration von KI-basierten Tätigkeitserkennung und Ergonomiebewertung. In: GfA, Sankt Augustin (Hrsg) Arbeit 5.0 Menschenzentrierte Innovation für die Zukunft der Arbeit.

9. McAtamney, L., & Corlett, E. N. (1993). RULA: a survey method for the investigation of work-related upper limb disorders. Applied ergonomics, 24(2), 91-99.
10. Bevan, S. (2015). Economic impact of musculoskeletal disorders (MSDs) on work in Europe. Best Practice & Research Clinical Rheumatology, 29(3), 356-373.
11. Jasiak, A. E. (2017). Ergonomic awareness and its shaping. Zeszyty Naukowe Małopolskiej Wyższej Szkoły Ekonomicznej w Tarnowie, 36(4), 111-128.
12. Van Eerd, D., Irvin, E., Le Pouésard, M., Butt, A., & Nasir, K. (2022). Workplace musculoskeletal disorder prevention practices and experiences. INQUIRY: The Journal of Health Care Organization, Provision, and Financing, 59.

Forschung für die Arbeitswelt von morgen

Wahrnehmungszentrierte Führung in der digitalen Transformation – Ein konzeptioneller Beitrag zur Gestaltung von Führung in industriellen Veränderungsprozessen

Lukas BURCHARD

Arbeitsgebiet Arbeitswissenschaft / Arbeitspsychologie
Brandenburgische Technische Universität (BTU) Cottbus-Senftenberg
Siemens-Halske-Ring 14, D-03046 Cottbus
+49 (0) 355 / 69 4808, Email: lukas.burchard@b-tu.de

Kurzfassung: Der Beitrag entwickelt einen konzeptionellen Bezugsrahmen wahrnehmungszentrierter Führung im Kontext industrieller Transformation. Er geht von der Annahme aus, dass Führungswirksamkeit weniger durch intendiertes Verhalten als durch subjektive Wahrnehmung entsteht. Zentrale psychologische Wirkfaktoren wie Vertrauen, psychologische Sicherheit, Empathie, partizipative Kommunikation und reflexive Unterstützung, werden theoretisch fundiert und hinsichtlich ihrer Bedeutung für Führung im digitalen Wandel analysiert. Ziel ist es, Führung als sozial interpretierten Wahrnehmungsprozess zu fassen und daraus Impulse für differenziertere Forschung und praxisrelevante Gestaltung abzuleiten.

Schlüsselwörter: Führung, Wahrnehmung, digitale Transformation, psychologische Wirkfaktoren, Selbst–Fremd-Wahrnehmung

1. Einleitung – Digitale Transformation als Führungsherausforderung

Die digitale Transformation verändert industrielle Organisationen grundlegend technologisch, strukturell und kulturell (Martens & Schreyögg, 2021, S. 115–117). Neue Technologien wie Künstliche Intelligenz (KI), Automatisierung oder cyber-physische Systeme wirken dabei nicht nur auf Produktionsprozesse, sondern greifen tief in bestehende Organisationslogiken, Entscheidungsroutinen und Führungspraktiken ein (Iansiti & Lakhani, 2020, S. 6–18; Martens & Schreyögg, 2021, S. 115–117). Besonders im industriellen Kontext, der traditionell stark durch Hierarchie, Standardisierung und Effizienzlogik geprägt ist, entstehen neue

Spannungsfelder zwischen Stabilität und Wandel, Kontrolle und Selbstorganisation sowie Effizienz und Innovation (Bauernhansl, 2014, S. 5–35).

Durch diese Entwicklung verändert sich auch das Anforderungsprofil an Führung. Gefordert ist nicht länger primär die Steuerung funktionaler Abläufe, sondern die Fähigkeit, in komplexen, mehrdeutigen Situationen Orientierung zu geben, dabei Sinn zu stiften und die Handlungsfähigkeit der Mitarbeitenden aufrechtzuerhalten (Kotter, 2012, S. 3–4). Führung wird damit zu einer psychologischen und sozialen Navigationsleistung, besonders in Veränderungssituationen, die durch Unsicherheit, Beschleunigung und Ambiguität geprägt sind (Zeike et al., 2019, S. 4–5).

Zugleich zeigen Forschungsergebnisse, dass nicht allein das intendierte Führungsverhalten entscheidend ist, sondern das wahrgenommene. Führung wirkt nicht durch ihre Absicht, sondern durch ihre Rezeption, also durch die subjektive Deutung und Bewertung aufseiten der Mitarbeitenden. In diesem Sinne ist Führung kein neutraler Managementakt, sondern ein sozialer Prozess, der immer in spezifische Wahrnehmungskontexte eingebettet ist (Lord et al., 1984, S. 345 ff.; Fleenor et al., 2010, S. 1005–1008). Besonders in dynamischen Veränderungsprozessen wie der digitalen Transformation gewinnen subjektive Wahrnehmungsebenen an Bedeutung, da sie maßgeblich beeinflussen, ob Vertrauen entsteht, Kommunikation gelingt und Wandel akzeptiert wird (Edmondson, 1999, S. 354; Carmeli et al., 2014, S. 75). Während die Unterscheidung zwischen intendiertem und wahrgenommenem Führungsverhalten bereits seit den 1980er-Jahren intensiv erforscht wurde (vgl. Lord et al., 1984), stehen diese Prozesse heute vor neuen Herausforderungen. Digitale und hybride Arbeitsformen, kulturell diverse Belegschaften sowie agile Organisationsmodelle verändern die Bedingungen der Wahrnehmung und verlangen nach einer erneuten Betrachtung aus erweiterten theoretischen Perspektiven.

Der vorliegende Beitrag greift diesen Ansatz auf und verfolgt ein theoretisch-konzeptionelles Ziel. Er diskutiert zentrale theoretische Grundlagen wahrnehmungszentrierter Führung im Kontext digitaler Transformationsprozesse industrieller Organisationen. Dabei steht die Frage im Zentrum, wie Führung in einem Umfeld hoher Komplexität und Unsicherheit gestaltet werden kann, sodass sie *wahrnehmungspsychologisch anschlussfähig* bleibt. Ziel ist es, eine bislang unterbelichtete Perspektive zu stärken, die Führung nicht nur als Handlungs-, sondern als Wahrnehmungsphänomen versteht und daraus Forschungsimpulse und praxisrelevante Überlegungen abzuleiten.

2. Wahrnehmung von Führung – zwischen Selbstbild und Fremdbild

Ein zentrales Spannungsfeld in der Führungsforschung betrifft die Differenz zwischen Selbst- und Fremdbild. Studien zeigen, dass Führungskräfte ihr eigenes Verhalten, etwa in Bezug auf Kommunikationsstil, Empathie oder Unterstützungsleistung, systematisch positiver einschätzen als ihre Mitarbeitenden. Dieses sogenannte „*Overrating*" kann Vertrauen beeinträchtigen, Missverständnisse erzeugen und die Akzeptanz von Entscheidungen verringern, insbesondere in dynamischen und wenig standardisierten Kontexten (Fleenor et al., 2010, S. 1006–1008).

Ein hoher Grad an *Self–Other Agreement*, also eine weitgehende Übereinstimmung zwischen Selbst- und Fremdbild der Führungskraft, gilt daher als Prädiktor für Führungswirksamkeit (Fleenor et al., 2010, S. 1006–1008). Führungskräfte, denen es gelingt, ihre eigene Wirkung realistisch einzuschätzen und abzugleichen, fördern nicht nur Vertrauen und Dialogkultur, sondern auch eine nachhaltige Feedbackpraxis. Gerade im digitalen Wandel, in dem direkte Rückmeldung oft eingeschränkt ist und nonverbale Signale fehlen, steigt die Relevanz solcher Selbst- und Fremdreflexion erheblich (Zeike et al., 2019, S. 4–5).

Die Deutung von Führungshandeln erfolgt nicht im luftleeren Raum. Implizite Führungstheorien (ILTs) beschreiben individuelle, meist unbewusste Schemata darüber, wie „*gute*" Führung auszusehen hat (Epitropaki & Martin, 2005, S. 659–661). Diese kognitiven Prototypen entwickeln sich auf Basis früher Erfahrungen, kultureller Prägungen und medialer Einflüsse (Offermann et al., 1994; Junker & van Dick, 2014). Sie steuern, welche Verhaltensweisen überhaupt als „*führend*" wahrgenommen werden und ob diese als kompetent, angemessen oder vertrauenswürdig gelten. Dabei beeinflussen ILTs nicht nur die Bewertung konkreter Führungssituationen, sondern auch die Erwartungen an Führungskräfte im Vorfeld sozialer Interaktionen. Eine hohe Passung zwischen den ILTs der Geführten und dem tatsächlichen Führungsverhalten, der sogenannte „follower-leader fit", gilt als zentraler Prädiktor für Vertrauen, Zufriedenheit und die Qualität der Führungsbeziehung (Epitropaki & Martin, 2005, S. 659–661; Junker & van Dick, 2014). In hierarchischen oder technisch dominierten Organisationen, wie sie in der Industrie häufig vorkommen, können diese Vorstellungen besonders starr oder unausgesprochen sein, mit entsprechendem Risiko für Wahrnehmungsverzerrungen (van Quaquebeke & Brodbeck, 2008, S. 396–397).

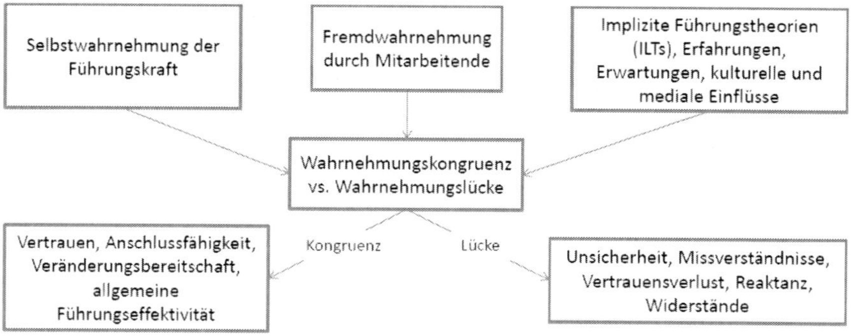

***Abbildung 1**: Wahrnehmungslücken zwischen Selbst- und Fremdbild von Führung und ihre Folgen (eigene Darstellung)*

Gerade in digitalen Transformationsprozessen zeigt sich, dass Wahrnehmungskongruenz, also die Übereinstimmung zwischen dem, was eine Führungskraft vermitteln will, und dem, was bei den Mitarbeitenden tatsächlich ankommt, entscheidend für Vertrauen, Anschlussfähigkeit sowie Veränderungsbereitschaft und die allgemeine Führungseffektivität ist (Edmondson, 1999, S. 354; Carmeli et al., 2014, S. 75). Wird Führung hingegen anders wahrgenommen, als sie intendiert ist, kann dies Reaktanz, Unsicherheit oder sogar implizite Widerstände auslösen.

Durch bewusste Selbstreflexion, das Einholen von Rückmeldungen und die Integration multipler Perspektiven in Führungsverhalten und Kommunikation wird Wahrnehmung aktiv gestaltbar (DeRue & Ashford, 2010, S. 631–632). Wahrnehmungszentrierte Führung begreift diese Prozesse nicht als Nebenschauplatz, sondern als zentrale Ressource wirksamer Führung in unsicheren Zeiten.

Vor dem Hintergrund eines wahrnehmungszentrierten Führungsverständnisses wird deutlich, dass psychologische Wirkfaktoren wie unter anderem Vertrauen, psychologische Sicherheit, Empathie, Partizipation und Reflexion nicht nur als Wahrnehmungsfilter aufseiten der Mitarbeitenden wirken, sondern zugleich Ressourcen für die Führungskraft darstellen. Sie prägen damit wechselseitig, wie Führung erlebt, gedeutet und bewertet wird und in welchem Ausmaß ihre Anschlussfähigkeit, Wirkung und Effektivität ausgeprägt sind (Lord & Maher, 1991, S. 12–15), insbesondere im Kontext tiefgreifender organisationaler Veränderungen.

3. Psychologisch wirksame Führungsdimensionen im Wandel

Aufbauend auf der Perspektive, dass Führung im Zusammenspiel von Selbst- und Fremdwahrnehmung entsteht, rückt im Folgenden die Frage in den Vordergrund, welche psychologischen Wirkfaktoren die Fremdwahrnehmung durch Mitarbeitende prägen. Diese bestimmen maßgeblich, ob Führung als glaubwürdig, anschlussfähig sowie wirksam und effektiv erlebt wird, insbesondere in Kontexten tiefgreifender Veränderungen (Lord & Maher, 1991, S. 12–15; Fleenor et al., 2010, S. 1011–1012). Vier Wirkfaktoren erweisen sich dabei als zentral. *Psychologische Sicherheit* und *Vertrauen*, *Empathie* und *soziale Kognition*, *Partizipation* und *Kommunikation* sowie *Reflexion* und *adaptive Unterstützung*.

Psychologische Sicherheit und *Vertrauen* sind Grundbedingungen einer offenen Teamkultur. Psychologische Sicherheit meint das geteilte Empfinden, ohne Angst vor negativen Konsequenzen sprechen oder Fehler eingestehen zu können (Edmondson, 1999, S. 354). Vertrauen ergänzt dies als Erwartung verlässlichen und wohlwollenden Handelns (Mayer et al., 1995, S. 712). Beide Faktoren fördern Lernen, Offenheit und Veränderungsbereitschaft und werden maßgeblich durch das Verhalten der Führungskraft geprägt, etwa durch den Umgang mit Fehlern, Feedbackqualität und Konsistenz. Fehlen Vertrauen und Sicherheit, entstehen Rückzug, Passivität und sinkende Akzeptanz.

Empathie und *soziale Kognition* umfassen die Fähigkeit, emotionale und kognitive Perspektiven anderer wahrzunehmen und in das eigene Handeln zu integrieren. Im Führungskontext wirkt dabei vertrauensbildend und stabilisierend, insbesondere in unsicheren Situationen (Zaki, 2014, S. 160–163). Die Soziale Kognition im Sinne der Social-Cognition-Theory of Leadership betont, dass Führung stets subjektiv interpretiert wird, je nach individuellen Schemata und Erwartungen (Lord & Maher, 1991, S. 14). Beide Aspekte bestimmen maßgeblich, ob Führung anschlussfähig erlebt und als unterstützend anerkannt wird.

Partizipation und *Kommunikation* beziehen sich auf die dialogische Einbindung von Mitarbeitenden in Entscheidungsprozesse. Beteiligungsorientierte Kommunikation erhöht die Anschlussfähigkeit von Entscheidungen, stärkt Motivation und verbessert die Akzeptanz von Veränderung (Yukl, 2012, S. 219–221). Gerade in Transformationsprozessen wird die Fähigkeit zur aktiven Einbindung zur Schlüsselressource wirksamer Führung.

Reflexion und *adaptive Unterstützung* umfassen die Fähigkeit, eigenes Verhalten kritisch zu hinterfragen, Feedback aufzugreifen und flexibel auf unterschiedliche Anforderungen zu reagieren. Reflexive Führung stärkt die Selbstwahrnehmung und eröffnet Lernprozesse, während adaptive Unterstützung auf die sensible Wahrnehmung individueller Unterschiede im Team und eine situativ angemessene Führung zielt (Heifetz et al., 2009, S. 24–30). Im digitalen Wandel werden beide Fähigkeiten zu zentralen Voraussetzungen wirksamer Führung.

Die vier psychologischen Wirkfaktoren bestimmen maßgeblich, wie Führung wahrgenommen und bewertet wird. Sie schaffen die psychologischen Voraussetzungen, unter denen Führung in Transformationsprozessen als glaubwürdig, anschlussfähig und wirksam erlebt werden kann. Empirische Befunde belegen etwa, dass psychologische Sicherheit im Team positiv mit wahrgenommener Führungskompetenz und Veränderungsbereitschaft zusammenhängt (Carmeli et al., 2014, S. 75). Wahrnehmungszentrierte Führung zielt daher auf die bewusste Gestaltung dieser Faktoren, um Vertrauen, Orientierung und Handlungsfähigkeit im digitalen Wandel zu sichern.

4. Forschungslücke und konzeptionelle Desiderate

Obwohl Führung zunehmend als sozial-konstruktiver Prozess verstanden wird, konzentriert sich ein Großteil der Forschung weiterhin auf intendiertes und objektiviertes Führungsverhalten, etwa in Form von Führungsstilen, Kompetenzen oder Instrumenten (Kane et al., 2019, S. 5–8). Demgegenüber ist die Frage, wie Führung subjektiv erlebt und im organisationalen Alltag gedeutet wird, insbesondere im Kontext industrieller Transformation bislang theoretisch wie empirisch unzureichend erschlossen.

Zwar existieren zu einzelnen psychologischen Wirkfaktoren wie *Vertrauen* (Carmeli et al., 2014), *psychologischer Sicherheit* (Edmondson, 1999), *Empathie* (Zaki, 2014), *partizipativer Kommunikation* (Yukl, 2012) und *reflexiver* Unterstützung (Heifetz et al., 2009) umfangreiche Forschungsergebnisse. Es fehlt jedoch eine systematische Verknüpfung dieser Faktoren mit Wahrnehmungsprozessen und subjektiven Deutungsmustern, insbesondere in Bezug auf ihre Bedeutung für die Wahrnehmung von Führungsqualität, die Anschlussfähigkeit von Entscheidungen und die soziale Stabilität in Transformationsprozessen.

Empirisch ist belegt, dass Diskrepanzen zwischen Selbst- und Fremdwahrnehmung von Führung, das sogenannte *Self–Other Gap*, zu Vertrauensverlust, Demotivation und verminderter Teamkohäsion führen können (Fleenor et al., 2010, S. 1005–1008). Gerade in digitalen Transformationsprozessen, in denen Kommunikation durch technologische Vermittlung fragmentierter, asynchroner und weniger rückgekoppelt erfolgt, steigt das Risiko von Missverständnissen, Deutungsabweichungen und fehlender Resonanz (Zeike et al., 2019, S. 4–6; Dettmers et al., 2022, S. 300–303). In solchen Kontexten können Wahrnehmungslücken zwischen Führungskraft und Mitarbeitenden die Führungsbeziehung erheblich belasten und den Transformationserfolg gefährden.

Zugleich rücken Fragen von Sichtbarkeit, Zugehörigkeit und Teilhabe verstärkt in den Vordergrund, insbesondere bei Mitarbeitenden mit geringer digitaler Selbstwirksamkeit, eingeschränktem Handlungsspielraum oder marginalisierter Position im Unternehmen (Zeike et al., 2019; Dettmers et al., 2022). Diese Gruppen sind besonders anfällig für Wahrnehmungsverzerrungen, werden seltener einbezogen und erleben Führung häufiger als distanziert oder kontrollierend (Wang et al., 2020).

Trotz dieser Befunde fehlt es an integrativen Modellen, die psychologische Führungsdimensionen, subjektive Wahrnehmungsprozesse und organisationale

Transformation systematisch verbinden. Vorhandene Ansätze orientieren sich häufig an normativen Idealbildern *„guter Führung“* und blenden die Vielfalt subjektiver Rezeptionen weitgehend aus. Zudem bleibt offen, wie Führung über Wahrnehmung konkret wirkt, etwa durch emotionale Stabilisierung, Anschlussfähigkeit oder Sinnstiftung.

Vor diesem Hintergrund bietet ein konzeptionell erweitertes, wahrnehmungszentriertes Führungsverständnis einen theoretisch anschlussfähigen Zugang, um bestehende Forschungslücken zu schließen. Es richtet den Blick nicht allein auf das beobachtbare Verhalten von Führungskräften, sondern auf dessen subjektive Wahrnehmung und Wirkung im Team, vermittelt über psychologische Prozesse wie Sicherheit, Empathie, partizipative Kommunikation und reflexive Unterstützung. Trotz einschlägiger theoretischer Bezüge, etwa zu impliziten Führungstheorien (Epitropaki & Martin, 2005), zur Wahrnehmungskongruenz (Fleenor et al., 2010) oder zur psychologischen Sicherheit (Edmondson, 1999), fehlt bislang ein konsolidiertes Modell, das diese Perspektiven integriert und systematisch auf industrielle Transformationsprozesse überträgt.

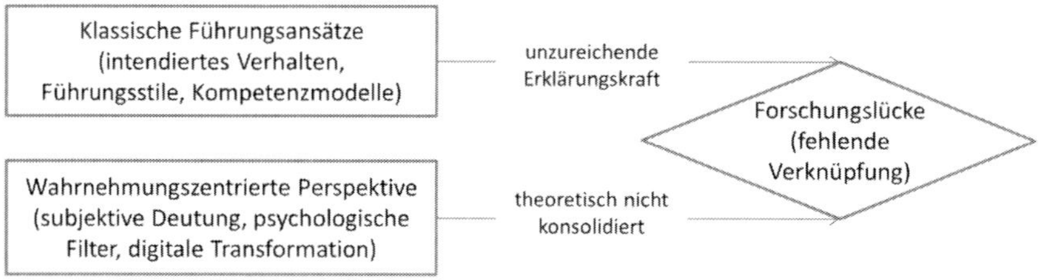

***Abbildung 2**: Forschungslücke zwischen klassischen Führungsansätzen und wahrnehmungszentrierter Perspektive (eigene Darstellung)*

Gerade in Organisationen, in denen technologische Innovationen auf arbeitsteilige Strukturen, Hierarchien und standardisierte Routinen treffen, eröffnet eine wahrnehmungszentrierte Perspektive erhebliches Erklärungspotenzial (Martens & Schreyögg, 2021). Die Analyse von Führung als Wahrnehmungsprozess trägt dazu bei, Dynamiken zu verstehen, die Vertrauen, Teilhabe und Handlungssicherheit im digitalen Wandel fördern oder behindern.

5. Ausblick und Implikationen für Forschung und Praxis

Die Analyse verdeutlicht, dass im digitalen Wandel nicht das Verhalten von Führungskräften allein entscheidend ist, sondern vor allem dessen wahrgenommene Bedeutung (Fleenor et al., 2010, S. 1006–1008). Zukünftig rückt daher die Frage in den Mittelpunkt, wie subjektive Wahrnehmung und Deutung von Führung unter Bedingungen von Unsicherheit, Komplexität und Transformation systematisch berücksichtigt werden können (Lord & Maher, 1991, S. 12–15; DeRue & Ashford, 2010, S. 628–630).

Daraus ergeben sich mehrere Forschungsimpulse. Zu klären ist erstens, wie Wahrnehmungsdiskrepanzen zwischen Selbst- und Fremdbild Veränderungsprozesse beeinflussen, etwa im Hinblick auf Vertrauen, Beteiligung oder psychologische Sicherheit (Fleenor et al., 2010, S. 1006–1008). Zweitens stellt sich die Frage nach der Rolle von Empathie, Reflexion und Partizipation bei der Verringerung solcher Diskrepanzen. Und drittens gilt es zu untersuchen, wie Wahrnehmungssensibilität als Führungsressource gezielt entwickelt werden kann, sowohl auf individueller als auch auf organisationaler Ebene.

Für die Praxis ergeben sich daraus konkrete Ansatzpunkte. Zentrale Hebel liegen auf Seiten der Führungskräfte, etwa in strukturiertem Führungsfeedback, der Förderung von Selbstreflexion und der Einbindung multiperspektivischer Rückmeldungen durch Mitarbeitende (Ashford & Tsui, 1991, S. 255–256; Edmondson, 1999, S. 354). Instrumente wie 360°-Feedback, Peer-Coaching oder digitale Feedbacksysteme unterstützen Führungskräfte dabei, ihre Wirkung aus Sicht der Mitarbeitenden besser einzuschätzen, Wahrnehmungslücken sichtbar zu machen und Dialogräume zu eröffnen (Fleenor et al., 2010, S. 1006–1008). Dadurch profitieren Führungskräfte von realistischer Selbsteinschätzung, Mitarbeitende von erhöhter Teilhabe und Organisationen von belastbareren Veränderungsprozessen, was zugleich zu einer weiteren Steigerung der Führungseffektivität beitragen kann.

Darüber hinaus bietet ein wahrnehmungssensibles Führungsverständnis Anknüpfungspunkte für Leadership Development, Change Management und Organisationsdiagnostik. Es ergänzt klassische Kompetenzmodelle um die psychologische Dimension der Wahrnehmung, insbesondere Selbst-Fremd-Abgleich,

Vertrauen und kommunikative Passung, und ermöglicht so eine differenziertere Gestaltung von Führungs- und Veränderungsprozessen in industriellen Transformationskontexten.

Insgesamt wird deutlich, dass es einer psychologisch fundierten Führungsforschung bedarf, die Wahrnehmung als zentralen Wirkfaktor in Veränderungsprozessen versteht. Führung in der digitalen Transformation entfaltet ihre Wirkung weniger über Strukturen oder Verhalten als über subjektive Deutung, Resonanz und Beziehungsgestaltung. Ein wahrnehmungssensibles Führungsverständnis bietet hierfür sowohl einen konzeptionellen Beitrag zur theoretischen Weiterentwicklung als auch praxisrelevante Ansätze für wirksame Führung in industriellen Transformationskontexten.

Literatur

1. Ashford, S. J., & Tsui, A. S. (1991). Self-regulation for managerial effectiveness: The role of active feedback seeking. *Academy of Management Journal, 34*(2), 251–280. https://doi.org/10.5465/256442
2. Bauernhansl, T. (2014). Die vierte industrielle Revolution – Der Weg in ein wertschaffendes Produktionsparadigma. In T. Bauernhansl, M. ten Hompel & B. Vogel-Heuser (Hrsg.), *Industrie 4.0 in Produktion, Automatisierung und Logistik* (S. 5–35). Springer Vieweg. https://doi.org/10.1007/978-3-658-04682-2_1
3. Carmeli, A., Dutton, J. E., & Hardin, A. E. (2014). Respect as a relational construct. *Journal of Organizational Behavior, 35*(1), 75–96. https://doi.org/10.1002/job.1860
4. DeRue, D. S., & Ashford, S. J. (2010). Who will lead and who will follow? A social process of leadership identity construction. *Academy of Management Review, 35*(4), 627–647. https://doi.org/10.5465/amr.2010.53503267
5. Dettmers, J., Clauß, E., & Deci, N. (2022). Psychologische Sicherheit und Arbeitsgestaltung in der digitalen Transformation. *Gruppe. Interaktion. Organisation, 53*(3), 297–310. https://doi.org/10.1007/s11612-022-00631-5
6. Edmondson, A. (1999). Psychological safety and learning behavior in work teams. *Administrative Science Quarterly, 44*(2), 350–383. https://doi.org/10.2307/2666999
7. Epitropaki, O., & Martin, R. (2005). From ideal to real: A longitudinal study of the role of implicit leadership theories on leader–member exchanges and employee outcomes. *Journal of Applied Psychology, 90*(4), 659–676. https://doi.org/10.1037/0021-9010.90.4.659
8. Fleenor, J. W., Smither, J. W., Atwater, L. E., Braddy, P. W., & Sturm, R. E. (2010). Self–other rating agreement in leadership: A review. *The Leadership Quarterly, 21*(6), 1005–1034. https://doi.org/10.1016/j.leaqua.2010.10.006

9. Heifetz, R. A., Grashow, A., & Linsky, M. (2009). *The practice of adaptive leadership: Tools and tactics for changing your organization and the world*. Harvard Business Press.
10. Iansiti, M., & Lakhani, K. R. (2020). *Competing in the age of AI: Strategy and leadership when algorithms and networks run the world*. Harvard Business Review Press.
11. Junker, N. M., & Van Dick, R. (2014). Implicit theories in organizational settings: A systematic review and research agenda of implicit leadership and followership theories. *The Leadership Quarterly, 25*(6), 1154–1173. https://doi.org/10.1016/j.leaqua.2014.09.002
12. Kane, G. C., Palmer, D., Phillips, A. N., Kiron, D., & Buckley, N. (2019). Accelerating digital innovation inside and out: Agile teams, ecosystems, and ethics. *MIT Sloan Management Review, 60*(3), 5–8.
13. Kotter, J. P. (2012). *Leading change*. Harvard Business Review Press.
14. Lord, R. G., Foti, R. J., & De Vader, C. L. (1984). A test of leadership categorization theory: Internal structure, information processing, and leadership perceptions. *Organizational Behavior and Human Performance, 34*(3), 343–378. https://doi.org/10.1016/0030-5073(84)90043-6
15. Lord, R. G., & Maher, K. J. (1991). *Leadership and information processing: Linking perceptions and performance*. Routledge.
16. Martens, M. L., & Schreyögg, G. (2021). Die Rolle der Führung in digitalen Transformationen. In B. Hildebrandt & J. Müller (Hrsg.), *Digitale Transformation und Organisation* (S. 115–132). Springer VS. https://doi.org/10.1007/978-3-658-32382-4_6
17. Mayer, R. C., Davis, J. H., & Schoorman, F. D. (1995). An integrative model of organizational trust. *Academy of Management Review, 20*(3), 709–734. https://doi.org/10.5465/amr.1995.9508080335
18. Offermann, L. R., Kennedy, J. K., & Wirtz, P. W. (1994). Implicit leadership theories: Content, structure, and generalizability. *The Leadership Quarterly, 5*(1), 43–58. https://doi.org/10.1016/1048-9843(94)90005-1
19. van Quaquebeke, N., & Brodbeck, F. C. (2008). Development and validation of a German measure of leader prototypicality. *European Journal of Work and Organizational Psychology, 17*(4), 393–421. https://doi.org/10.1080/13594320801994995
20. Wang, B., Liu, Y., Qian, J., & Parker, S. K. (2020). Achieving effective remote working during the COVID-19 pandemic: A work design perspective. *Applied Psychology, 70*(1), 16–59. https://doi.org/10.1111/apps.12290
21. Yukl, G. (2012). *Leadership in organizations* (8th ed.). Pearson.
22. Zaki, J. (2014). Empathy: A motivated account. *Psychological Bulletin, 140*(6), 1608–1647. https://doi.org/10.1037/a0037679
23. Zeike, S., Bradler, D., Lindert, L., Pfaff, H., & Harth, V. (2019). Digitale Arbeit gesund gestalten: Ein Konzept für Führung in der digitalen Transformation. *Zentralblatt für Arbeitsmedizin, Arbeitsschutz und Ergonomie, 69*(1), 3–10. https://doi.org/10.1007/s40664-018-0295-4

Arbeitswerkzeug KI in der Informationssicherheit – Fluch und Segen zu gleich?

Dominique KNEBEL

Arbeitsgebiet Arbeitswissenschaft und Arbeitspsychologie, Brandenburgische Technische Universität Cottbus - Senftenberg
Siemens-Halske-Ring 14, D-03046 Cottbus
+49 (0) 173/4108491, Email: knebedom@b-tu.de

Kurzfassung: Künstliche Intelligenz (KI) entwickelt sich stetig weiter und nimmt, in Folge der Digitalisierung, zunehmend Einzug in die Arbeitswelt der Menschen. Spätestens seit ChatGPT ist KI nicht mehr aus der heutigen Welt weg zu denken. Jedoch bietet KI weitere Möglichkeiten neben den klassischen Chatbots. Besonders in der Informationssicherheit ist das Potenzial und die Notwendigkeit für solche KI-Systeme hoch. KI als Arbeitswerkzeug in der Informationssicherheit bringt jedoch nicht nur Chancen, sondern birgt auch Risiken der Beanspruchung und Entstehung von Technikstress, auch bei technikaffinen Spezialisten.

Schlüsselwörter: KI, Informationssicherheit, Technikstress

1. Künstliche Intelligenz (KI) und ihre Variationen

Der Begriff künstliche Intelligenz (KI) oder auch Artificial Intelligence (AI) im Englischen ist heutzutage in aller Munde und spätestens seit ChatGPT von OpenAI kaum aus dem öffentlichen Bild rauszudenken. Gleichwohl stellt sich dabei die Fragen wie KI definiert ist, was diese ausmacht, welche Variationen diese einnehmen kann und welche Chancen und Risiken sich dadurch, besonders für die Menschen, ergeben.

Grundsätzlich gibt es keine einheitliche Definition von KI, jedoch wird primär unter künstlicher Intelligenz die Imitation menschlicher Intelligenz mittels digitaler Art und Weise verstanden. Unter digitaler Art und Weise wird an dieser Stelle ein Server- und Computersystem verstanden (Dahm & Schulz 2024). Es handelt sich also grundlegend um eine Anwendung, welche auf Basis von hoch entwickelten Analyse- und Logiktechniken Ereignisse und Daten interpretiert, um darauffolgend eigenständig Maßnahmen entwickelt und bei Bedarf umsetzt (Kreutzer 2023 / Gartner et al. 2023). Der Reifegrad der KI-Komplexität lässt sich in drei Stufen aufteilen, welche in der folgenden Abbildung gezeigt werden:

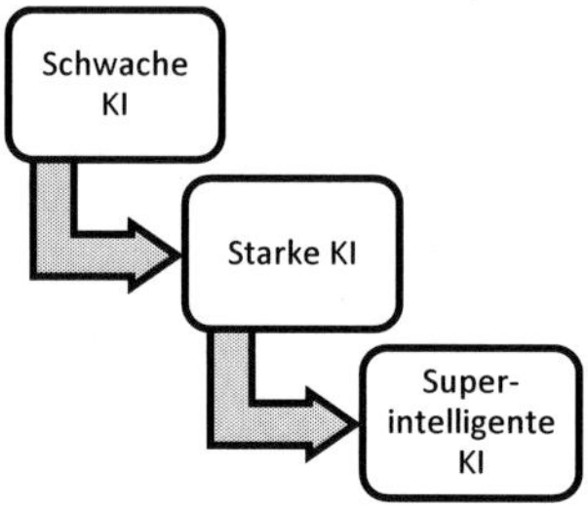

***Abbildung 1**: Komplexitätsstufen von KI (Thaichon & Quach 2022)*

1.1 Schwache KI

Eine schwache KI, auch narrow AI bezeichnet, kennzeichnet sich vorrangig dadurch, dass diese nicht eigenständig Neues lernen kann, sowie auf feste Trainingsprozesse angewiesen ist. Daraus resultieren in der Regel Lösungen vordefinierter Aufgaben und UseCases (Dahm & Schulz 2024 / Bory et al. 2025 / Thaichon & Quach 2022). Schwache KI-Systeme beschränken sich somit auf einen engen und spezifischen Tätigkeitskreis und wirken in diesem scheinbar intelligent (Stowasser 2023).

1.2 Starke KI

Einer starken KI, auch general AI bezeichnet, entspricht der Äquivalenz menschlicher Intelligenz. Ein starkes KI-System kann somit alle menschlichen intellektuellen Fähigkeiten nachweisen und ist nicht an einen spezifischen Tätigkeitsbereich gebunden (Stowasser 2023 / Bory et al. 2025 / Thaichon & Quach 2022). Diese lernt demnach eigenständige ohne feste Trainingsprozesse und bearbeitet komplexe Aufgaben ähnlich eines Menschen in allen Tätigkeitsbereichen. Aktuell ist dies noch theoretischer Natur (Dahm & Schulz 2024). Heutige Systeme wie ChatGPT werden der schwachen KI zugeordnet, nähern sich jedoch zunehmend der starken KI an.

1.3 Superintelligente KI

Eine theoretische Steigerungsform der starken KI stellt die superintelligente KI dar. Diese kennzeichnet sich vorrangig dadurch, dass diese die menschlichen intellektuellen Fähigkeiten qualitativ sowie quantitativ weit überschreitet. Bereits durch die starke KI ist ein KI-System in der Lage die menschliche Intelligenz zu imitieren. Mit einer superintelligenten KI wird die menschliche Intelligenz in der Verarbeitungs-, Speicher-, Analyse- sowie Lösungsfähigkeit weit überstiegen. Menschliche Intelligenz wäre in diesem Fall für die eingesetzten Tätigkeiten nicht mehr ausreichend (Thaichon & Quach 2022).

2. Informationssicherheit – Definition, Ziele und Zahlen

Grundlegend beschreibt Informationssicherheit den Schutz aller digitalen und analogen Informationen. Ziel ist es Schäden, besonders wirtschaftliche, durch den unbefugten Zugriff, Manipulation, Veränderung, Beschädigung etc. von Daten zu verhindern. Dabei ist es unerheblich ob es sich um personenbezogen Daten handelt oder nicht. Der Datenschutz sowie die IT-Sicherheit sind Teilgebiete der Informationssicherheit. Ersteres beschreibt den Schutz personenbezogener Daten, zweiteres den Schutz von IT-Systemen und elektronischen Daten (Hanschke 2019).

Relevant hierbei ist die Aufgliederung des Begriffes „Sicherheit". Synonym zum Begriff Informationssicherheit wird der Begriff Security bzw. Information Security verwendet. Unter Safety wird die funktionale Sicherheit verstanden, also das technische Systeme sicher eingesetzt werden können (Liedtke 2022). Security schützt also Informationen und Systeme vor Schäden, wohingegen Safety den Menschen vor Schäden durch Systeme schützt (Pohl 2004).

2.1 Schutzziele der Informationssicherheit

In der Informationssicherheit lassen sich drei grundlegende Schutzziele aufzeigen, welche durch weitere Ziele ergänzt werden können. Erstes Schutzziel ist die Vertraulichkeit, welche gewährleistet, dass Informationen nur für Befugte zugänglich sind. Das heißt, dass jeweils nur der berechtigte Adressatenkreis auf Informationen zugreifen darf und kann (Bedner & Ackermann 2010 / Pohl 2004).

Zweites Schutzziel ist die Verfügbarkeit, welches definiert wann technische Systeme, aber auch heutzutage Prozesse und personelle Ressourcen, betriebsbereit sind. Besonders im Kontext der technischen Systeme wird dadurch gewährleistet, dass auf Anwendungen, Daten und Prozesse zu der vorgesehenen Zeit zugegriffen werden kann (Bedner & Ackermann 2010 / Pohl 2004).

Drittes Schutzziel ist die Integrität, seltener auch Unversehrtheit genannt, von Daten. Darunter werden die Korrektheit und Vollständigkeit von Daten und technischen Systemen verstanden (Bedner & Ackermann 2010 / Pohl 2004).

Alle drei Schutzziele bilden als Triage „CIA" (Confidentiality – Integrity – Availability) die Basis für die Informationssicherheit (Asosheh et al. 2013).

2.2 Aktuelle Statistiken zu Cyberangriffen

Aktuelle Statistiken des Bundeskriminalamtes zeigen eine kontinuierliche Steigerung der erfassten Cybercrime-Fälle, also rechtswidriger Cyberangriffe auf Unternehmen und Privatpersonen. In der folgenden Grafik wird dies verdeutlicht. Dort werden die erfassten Cybercrime-Fälle im Jahresverlauf seit 2020 aufgezeigt. Nicht enthalten sind hierbei die nicht gemeldeten Cyberangriffe. Dort ist von einer deutlich höheren Dunkelziffer auszugehen.

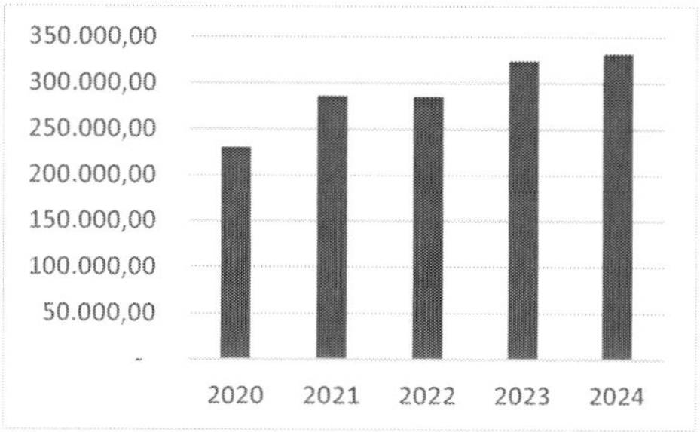

***Abbildung 2**: Erfasste Cybercrime-Fälle in Deutschland (BKA 2025)*

Cyberangriffe werden vorrangig durch die Analysen von Log-Dateien aufgedeckt (bitkom 2024). Eine qualitativ sowie besonders quantitative Analyse der Netzwerklandschaft sowie aller Log-Dateien muss dabei durchgehend erfolgen. Eine solche Umsetzung ist ohne technische Systeme heutzutage undenkbar. KI gilt hierbei einerseits als Gefahr, andererseits aber auch als Chance für die IT-Sicherheit. Knapp 70% der Unternehmen gehen von erleichterten Cyberangriffen durch KI aus, ebenfalls jedoch auch 61%, dass dadurch die IT-Sicherheit erhöht wird (bitkom 2024). Cyberkriminalität wird mittlerweile als Schattenwirtschaft angesehen und als Cybercrime-as-a-Service (CCaaS) angeboten (BSI 2024).

3. Künstliche Intelligenz in der Informationssicherheit

KI ist bereits heute aus der Informationssicherheit und deren Produkten nicht mehr weg zu denken. Besonders das maschinelle Lernen wird bereits heute in Werkzeugen für das Monitoring und zur Sicherheitsanalyse, bspw. von Log-Daten, eingesetzt. Ohne eine durchgehende Analyse und Überwachung aller Datenpunkte ist eine Sicherstellung der Informationssicherheit unmöglich geworden. KI-Systeme monitoren die Datenströme, analysieren diese und priorisieren mögliche Anomalien, um adäquat darauf eigenständig zu reagieren. KI nimmt hierbei also ein Angriffserkennungs- sowie Abwehrsystem ein (Müller-Quade et al. 2019 / Rjoub et al. 2023).

Eingangs wurde bereits erwähnt, dass KI-Systeme besonders quantitativ oft schneller agieren als Menschen. Dies wird wirkt sich besonders in der Informationssicherheit aus. Bedeutende Vorteile sind die Geschwindigkeit und Skalierbarkeit solcher Systeme, nahezu unabhängig menschlicher Ressourcen. Analysen können so in Echtzeit durchgeführt werden und das ohne zeitliche Verzögerung menschlichen Handelns sowie rund um die Uhr (Ekelhart et al. 2025).

Neben der Skalierbarkeit und Geschwindigkeit dieser Systeme bieten diese ebenfalls eine höhere Genauigkeit bei der Erkennung von Vorfällen sowie eine gesteigerte Effizienz der Bearbeitung. Ziel solcher Systeme ist es nicht den Menschen in der Informationssicherheit zu ersetzten, sondern diesen zu unterstützen und ergänzen. Besonders repetitive Aufgaben sowie Aufgaben welche eine durchgehend hohe Konzentration benötigen werden hierbei durch KI in der Informationssicherheit ersetzt (Schmidt 2020).

Eine KI-basierte Abwehrerkennung und -reaktion von Anomalien in den Datenflüssen ist somit der Haupteinsatzzweck und gleichzeitig auch Notwendigkeit von KI in der Informationssicherheit. Solche technischen Lösungen sind zur Erkennung dieser Anomalien unerlässlich. Ein KI-System zur Erkennung und Abwehr von Angriffen entsteht dabei in vier Schritten. Erstens lernt die KI die Umgebung kennen, zweitens lernt diese das Normalverhalten, drittens überwacht diese das System und viertens schützt die KI autonom. Im dritten Schritt ist ein menschliches Handeln nur noch reaktiv nötig, wohingegen im letzten Schritt kein menschliches Handeln mehr nötig ist. Die hohe Anzahl und Frequenz der Datenströme ist mit menschlichen Teams nicht mehr zuverlässig abdeckbar und der Einsatz von KI zwingend notwendig (Barenkamp 2023).

4. Mensch, KI und Arbeit

KI wird zunehmend in Unternehmen eingesetzt. Im EU-Durchschnitt setzten knapp 15% aller Unternehmen bereits KI ein, mit steigender Tendenz. Besonders die IKT-Sicherheitsbranche, also Entwicklung von IT-Sicherheitssystemen, ist dabei federführend. Potenziale neben dem Einsatz in der IKT-Technik bietet ebenfalls der Einsatz im Marketing. Produktion sowie Controlling zur Arbeitserleichterung und Entlastung von Mitarbeitenden (Kerkhof et al. 2024).

4.1 Digitale Arbeit, KI und ihre Beanspruchungsfolgen

Der Einzug von KI in die Arbeitswelt folgte dem Einzug der Digitalisierung. Beides läuft parallel und nimmt zunehmend einen festen und eigenständigen Teil der Arbeit der Menschen ein. Dies führt zu Umbrüchen in der Arbeitswelt und nimmt weiter Formen einer gleichwertigen Zusammenarbeit von Technik und Mensch an. KI-Systeme entwickeln sich also zunehmend zu digitalen Teamkollegen, teilweise auch zu Entscheidungsträgern, mit welche Menschen zusammenarbeiten müssen. Durch das stetig ändernde Mensch-Technik-Netzwerk und Arbeitsbedingungen entstehen zwangsläufig Belastungen, welche auf Menschen während der Arbeit wirken. Aus diesen Belastungen entstehen im Anschluss Beanspruchungen bei den jeweils betroffenen Mitarbeitenden. Besonders eine Intransparenz und Unverständlichkeit des Systems können Unsicherheit bei den Mitarbeitenden auslösen. Bereits bei der

Integration von digitalen Tools, vor heutigen KI-Systemen, hat sich gezeigt, dass eine solche Veränderung der Arbeitsbedingungen zu Beanspruchungsfolgen wie Stresserleben, Informationsüberlastung, Müdigkeit oder psychischer und emotionaler Überlastung führt (Heinlein et al. 2023).

Aktuelle KI-Systeme verstärken diesen Effekt durch die erhöhte Geschwindigkeit und ständige Komplexitätserweiterung zunehmend, vorrangig bei einer unzureichenden Einführung des KI-Systems.

4.2 Technikstress und KI

Aufgrund der Nutzung digitaler Tools und KI-Systeme kann eine Beanspruchung in Form von Stress auf Menschen entstehen. Technikstress wird vereinfacht als Stress definiert den Menschen aufgrund der Nutzung von Informationssystemen entwickeln (Tarafdar et al 2019). Stressoren welche die Entstehung von Technikstress begünstigen und verstärken sind unteranderem die (Software)Ergonomie des KI-Systems, die Komplexität und Verständlichkeit dieses, die Arbeitsumgebung in welcher das KI-System eingesetzt wird, unverständliches Versagen und Handeln eines KI-Systems und besonders bei Aufforderung zur Reaktion die Entstehung von Zeitdruck. Bei den Aufforderungen zum Handeln, besonders wenn dies schnell und andauernd passiert, kann eine Reizhäufung eintreten. Eine psychische Beanspruchung kann bei andauernden Belastungseinfluss ebenfalls zu einer physischen Beanspruchung führen (Hoppe et al. 2023). Bei KI-Systemen welche sich einer starken KI langsam annähern kann dies auch neue Beanspruchungsfolgen, in Form von der Infragestellung der eigenen Glaubwürdigkeit/Expertise, bei Spezialisten verursachen, welche bspw. bereits sehr technikaffin sind (Cadieux 2021).

5. KI als Arbeitswerkzeug in der Informationssicherheit

Der Einsatz von KI stellt somit einerseits Chancen einer neuen Nutzung von KI als Arbeitswerkzeug für Mitarbeitende in der Informationssicherheit dar, durch eine Entlastung bei der Analyse und Anomalieerkennung mit anschließender adäquater Reaktion (Loureiro et al. 2023). Gleichzeitig erhöht sie in diesem Feld die Geschwindigkeit, Skalierbarkeit und Effizienz. Gleichwohl entstehen jedoch auch

Risiken für Mitarbeitende und Unternehmen bei dem zunehmenden Einsatz von KI, besonders wenn diese nicht geordnet eingeführt und die KI-Entscheidungen nicht verstanden werden. Durch den stetig wachsenden Einsatz von KI sind ebenfalls Spezialistenrollen von Beanspruchungsfolgen nicht mehr verschont. Aufgrund der steigenden Cyberangriffe, vermehrt auch KI-gestützt, ist ein stetig aktueller Einsatz von KI jedoch als notwendig zu betrachten in der Informationssicherheit und daraus resultierende Folgen weiter zu erforschen.

Literatur

1. Asosheh, A; Hajinazari, P; Khodkari, H. 2013: A practical implementation of ISMS. In: 7th International Conference on e-Commerce in Developing Countries: with focus on e-Security, 2013, 1–17.
2. Barenkamp, M. 2023: KI-basierte Anomalieerkennung als Abwehrmechanismus bei Cyberangriffen. In: Wirtsch Inform Manag. 15, 2023, 82–88.
3. Bedner, M; Ackermann, T. 2010: Schutzziele der IT-Sicherheit. In: DuD. 34, 2010, 323–328.
4. Bitkom e.V. 2024: Wirtschaftsschutz 2024. Berlin: Bitkom e.V., 2024.
5. Bory, P; Natale, S; Katzenbach, C. 2025: Strong and weak AI narratives: an analytical framework. In: AI & Soc. 40, 2025, 2107–2117.
6. Bundesamt für Sicherheit in der Informationstechnik (BSI). 2024: Die Lage der IT-Sicherheit in Deutschland 2024. Bonn: BSI, 2024.
7. Bundeskriminalamt (BKA). 2025: Bundeslagebild Cybercrime 2024. Wiesbaden: BKA, 2025.
8. Cadieux, N; Fournier, P. L; Cadieux, J; Gingues, M. 2021: New Techno-Stressors Among Knowledge Professionals. In: International Journal of Electronic Commerce. 25(2), 2021, 136–153.
9. Dahm, M; Schulz, B. 2024: Künstliche Intelligenz im Consulting. Wiesbaden: Springer Gabler, 2024.
10. Ekelhart, A; Goldenits, G; Mayer, R; Schuster, V. 2025: Künstliche Intelligenz in der Cybersicherheit. Chancen und Risiken. Wien: SBA Research gGmbH, 2025.
11. Gardner, H; Davis, K; Christodoulou, J; Seider, S. 2011: The theory of multiple intelligences. In: Sternberg, R.; Kaufman, B. (Hrsg.): The Cambridge handbook of intelligence. Cambridge, 2011, 485–503.
12. Hanschke, I. 2019: Informationssicherheit und Datenschutz systematisch und nachhaltig gestalten. München: Springer Vieweg, 2019.
13. Heinlein, M; Neumer, J; Ritter, T. 2023: Digital vernetzte Arbeit. München: SpringerVS, 2023.
14. Hoppe, A; Ezzeldin, A; Ganßauge, R; Kockrow, R. 2023: Technikstress – Analyse, Diagnose, Intervention beim Einsatz von KI. Cottbus: BTU, 2023.

15. Kerkhof, A; Falck, O; Wölfl, A. 2024: Künstliche Intelligenz (KI): Verbreitung, Anwendung und Hindernisse in Deutschland im europäischen Vergleich. München: IHL, 2024.
16. Kreutzer, R. 2023: Künstliche Intelligenz verstehen. Berlin: SpringerGabler, 2023.
17. Liedtke, T. 2022: Informationssicherheit. Möglichkeit und Grenzen. Remseck: Springer Gabler Berlin, 2022.
18. Loureiro, S.M.C; Bilro, R.G; Neto, D. 2023: Working with AI: can stress bring happiness? In: Serv Bus. 17, 2023, 233–255.
19. Müller-Quade, J. et al. 2019: Künstliche Intelligenz und IT-Sicherheit. Bestandsaufnahme und Lösungsansätze. München: Lernende Systeme, 2019.
20. Pohl, H. 2004: Taxonomie und Modellbildung in der Informationssicherheit. In: Datenschutz und Datensicherheit. 28(11), 2004, 678–685.
21. Rjoub, G. et al. 2023: A Survey on Explainable Artificial Intelligence for Cybersecurity. In: IEEE Transactions on Network and Service Management. 20(4), 2023, 5115–5140.
22. Schmidt, T. 2020: Künstliche Intelligenz in der Cybersicherheit – zwischen Hype und Notwendigkeit. In: Wirtsch Inform Manag. 12, 2020, 70–74.
23. Stowasser, S. 2023: Künstliche Intelligenz (KI) und Arbeit. Heidelberg: Springer Vieweg Berlin, 2023.
24. Tarafdar, M; Cooper, C.L; Stich, J-F. 2019: The technostress trifecta. In: Info Systems J. 29, 2019, 6–42.
25. Thaichon, P; Quach, S. (Hrsg.) 2022: Artificial Intelligence for Marketing Management. 1. Aufl. London: Routledge, 2022.

Kompetenzanforderungen beim Einsatz kollaborativer Schweißroboter: Eine konzeptionelle Vorstudie

David SAUER; Matthias SCHMIDT

Institut für Gesundheit, Altern, Arbeit und Technik (GAT), Hochschule Zittau/Görlitz
Brückenstraße 1, D-02826 Görlitz
+49 (0) 3581 374-4311, Email: d.sauer@hszg.de

Kurzfassung: Der zunehmende Einsatz kollaborativer Roboter (Cobots) beim Lichtbogenschweißen verändert tätigkeitsspezifische Rollenprofile und Kompetenzanforderungen in der Produktion grundlegend. Mit der vorliegenden konzeptionellen Vorstudie wird ein Rahmenmodell zur systematischen Erfassung der Kompetenzanforderungen von Mitarbeitenden entwickelt, die in kooperativer Interaktion mit einem Schweißroboter tätig sind. Mittels eines dreistufigen, qualitativ-analytischen Designs mit drei Fachexpert:innen wurden erste Erkenntnisse zu Anforderungen an den Mitarbeitenden generiert, die als Grundlage für eine geplante quantitative Hauptstudie dienen. Die Methodik umfasst Think-Aloud-Protokolle mit begleitender Task-Analyse, eine qualitative Inhaltsanalyse nach Mayring (2015) sowie die Ableitung von Kompetenzanforderungsprofilen nach Heyse & Erpenbeck (2007). Ziel ist es, erste Hypothesen zur Differenzierung von Rollenprofilen sowie zur Ableitung geeigneter Upskilling-Pfade zu generieren.

Die Ergebnisse verdeutlichen eine deutliche Verschiebung von sensomotorischen hin zu kognitiven, analytischen und kommunikativen Kompetenzen bei den Mitarbeitern. Die Auswertung zeigt für die Rollen Bediener, Einrichter und Handschweißer spezifische Kompetenzcluster, die für die Gestaltung betrieblicher Kompetenzentwicklungsstrategien von hoher Relevanz sein können. Auf Basis dieser Erkenntnisse lassen sich erste didaktische Designprinzipien für die Aus- und Weiterbildung im Kontext der Mensch-Roboter-Kollaboration ableiten.
Diese Vorstudie dient der Konzeption eines Rahmenmodells für Kompetenzanforderungen für den Mitarbeitenden der mit einem

Assistenzsystem in der Produktion kooperiert. Sie bildet die konzeptionelle Grundlage für ein weiterführenderes Forschungsvorhaben zur empirischen Validierung des entwickelten Modells. Die Limitationen hinsichtlich Stichprobengröße, regionaler Begrenzung und fehlender Generalisierbarkeit sind für den Vorstudiencharakter typisch und werden transparent dargestellt. Perspektivisch soll eine groß angelegte quantitative Untersuchung anschließen, um die gewonnenen Hypothesen zu überprüfen und praxisrelevante Handlungsempfehlungen abzuleiten.

Schlüsselwörter: Cobot-Schweißen, Kompetenzmanagement, Assistenzsysteme, Industrie 5.0

1. Einleitung

Der vorliegende Beitrag versteht sich als konzeptionelle Vorstudie, die erste theoretische und empirische Grundlagen für ein umfassendes Forschungsvorhaben zu Kompetenzveränderungen in Produktions-unternehmen an digitalen Assistenzsystemen wie bei der Cobot-Schweißtechnik schafft.

2. Theoretischer Rahmen

Der vorliegende Beitrag folgt dem Kompetenzverständnis nach Heyse & Erpenbeck, die Kompetenz als Fähigkeit zur selbstorganisierten Bewältigung komplexer, unvorhersehbarer Situationen definieren. Im Fokus stehen dabei nicht nur Wissen und Fertigkeiten, sondern vor allem Handlungsfähigkeit, Selbstverantwortung und Lernbereitschaft. Das zugrunde liegende Kompetenzmodell fasst Kompetenzen in vier Hauptbereiche zusammen: personale, fachlich-methodische, sozial-kommunikative sowie aktivitäts- und handlungsbezogene Kompetenzen. Dieses Modell erlaubt eine praxisnahe, diagnostische Anwendung zur individuellen Kompetenzentwicklung.

Im Gegensatz dazu verfolgen andere Kompetenzrahmen – wie der Deutsche Qualifikationsrahmen (DQR), das OECD-DeSeCo-Modell oder das ESCO-System –

Kompetenz stärker normativ oder deskriptiv. Der DQR verknüpft Fachwissen mit sozialer Verantwortung und gliedert Kompetenzen in acht Stufen. Das DeSeCo-Modell betont psychosoziale Schlüsselqualifikationen wie kritisches Denken oder Selbstreflexion. ESCO hingegen versteht Kompetenz als klassifikatorisches Merkmal von Berufsbildern und ordnet Fähigkeiten standardisiert zu. Während das Modell von Heyse & Erpenbeck (2007) den Lernenden ins Zentrum stellt und individuelle Entwicklungsbedarfe fokussiert, dienen DQR, DeSeCo und ESCO primär der Systematisierung und Vergleichbarkeit von Bildungs- und Arbeitsmarktdaten.

Gerade im Kontext der Industrie 5.0 – mit ihren dynamischen, sich wandelnden Arbeitsanforderungen – bietet das Kompetenzmodell nach Heyse & Erpenbeck (2007) somit einen hohen praktischen Nutzen für betriebliche Weiterbildungsstrategien. Die zunehmende Verbreitung digitaler Assistenzsysteme im Produktionsumfeld verstärkt die Notwendigkeit, Kompetenzen kontinuierlich adaptiv zu entwickeln (Acatech, 2023; Plattform Industrie 4.0, 2024).

Ausgehend von diesem Kompetenzverständnis ergeben sich folgende leitende Forschungsfragen im Kontext kollaborativen Lichtbogenschweißen:

F1: Welche Kompetenzen werden durch die Integration kollaborativer Roboter im Bereich des Lichtbogenschweißens vorrangig erforderlich?

F2: Wie unterscheiden sich diese Kompetenzanforderungen zwischen den Rollen Bediener, Einrichter und klassischer Handschweißer?

F3: Welche Implikationen ergeben sich daraus für betriebliche Entwicklungsstrategien von Mitarbeitern (Kompetenzentwicklung, Personalentwicklung, dynamische Arbeitsplatzgestaltung)?

3. Methodisches Vorgehen

3.1 Studiendesign

Diese Untersuchung ist als konzeptionelle Vorstudie angelegt und erhebt explizit keinen Anspruch auf Repräsentativität oder Generalisierbarkeit. Die durchgeführten Beobachtungsinterviews dienten der Vorbereitung einer geplanten Hauptstudie.

Die Erhebungsmethoden umfassten:

(1) Think-Aloud-Protokolle mit Task-Analyse (Ericsson & Simon, 1993): Während den durchgeführten Arbeitsschritten erläuterten die Probanden verbal die Hintergründe ihrer Tätigkeit. Parallel dazu stellte der Beobachter gezielte Nachfragen. Gleichzeitig wurden die Tätigkeiten der Mitarbeitenden vor, während und nach der Schweißarbeit per Video dokumentiert.
(2) Qualitative Inhaltsanalyse (Mayring, 2015): Die erfassten Daten wurden in einer Handlungsanalyse zusammengefasst und als Tätigkeitschwerpunkte (Vorbereitung, Durchführung, Nachbereitung / Kontrolle) für die jeweiligen Rollen Bediener, Einrichter und Handschweißer definiert.
(3) Ableitung von Kompetenzanforderungsprofilen (Heyse & Erpenbeck, 2007): Auf Grundlage der Tätigkeitschwerpunkte wurden die wichtigsten Kompetenzen je Rolle aus dem Kompetenzatlas identifiziert und Identifikationsmerkmale dieser Kompetenzen für jede Rolle abgeleitet.

3.2 Stichprobe

Da es sich um ein experimentales Design handelt, stellt die Stichprobe (n = 3) eine geeignete Grundlage für eine konzeptionelle Vorstudie dar. Die drei Probanden waren zwei Experten und eine Expertin für E-Handschweissen und CoBot-Schweissen. Der Fokus liegt auf der explorativen Erhebung und Strukturierung erster Erkenntnisse zur Entwicklung von Kompetenzanforderungen für die Rollen Bediener, Einrichter und Handschweißer.

4. Ergebnisse

Die Untersuchung zeigt signifikante Unterschiede in den Kompetenzanforderungen zwischen klassischen Handschweißer, Cobot-Bediener und Cobot-Einrichter. Während sensomotorische Fähigkeiten für Handschweißer zentral bleiben, verschieben sich die Anforderungen bei Einrichter und Bediener zunehmend in Richtung Analysekompetenz, Prozessverständnis und digitale Schnittstellen-kompetenz. Die folgenden Tabellen visualisieren die Schlüsselaktivitäten und Schlüsselkompetenzen je Rolle sowie die Kompetenzanforderungen im Vergleich.

4.1 Praxisbeobachtungen aus den Handlungsanalysen

Beobachtetes Muster	Cobot-Schweißen	Klassisches Schweißen
Tacit Knowledge	Einrichter bewegt Roboter *wie ein Schweißer*, um Brennerpfad zu parametrieren	Manuelle Anpassung der Stick-Out-Länge anhand von Spritzern
Dokumentation	Foto- und Kommentarfunktion unerlässlich; fehlende Dokumentation führt zu Positionsabweichungen	Nutzung detaillierter Zeichnungen zur Fehlervermeidung
Qualitätssicherung	Bediener prüft Musterpunkte; Einrichter entscheidet bei Abweichungen	Direkte Eigenkontrolle und Nacharbeit durch Schweißer
Problemlösung	Ursachenanalyse bei Versatz (z. B. Kalibrierung) erfordert systematisches Debugging	Gasfehler erst im zerstörenden Test sichtbar; Erfahrungen sind entscheidend

***Tabelle 1**: Auszug aus der Handlungsanalysen.*

4.2 Kerntätigkeiten und Schlüsselkompetenzen

Rolle	Kerntätigkeiten	Schlüsselkompetenzen (Top 5)
Bediener:in	Zyklusrüsten, visuelle Nahtprüfung, Parameterüberwachung, Alarmhandling	Beurteilungsvermögen, Disziplin, Zuverlässigkeit, Fleiß, Gewissenhaftigkeit
Einrichter:in	3D-Analyse, Offline-Programmierung, Prozessdatenauswertung, OEE-Optimierung, Dokumentation	Analytische Fähigkeiten, Eigenverantwortung, Gewissenhaftigkeit, Belastbarkeit, Expertise
Klassische:r Handschweißer:in	Zeichnungslesen, Heften, adaptive Nahtführung, Echtzeit-Parametrierung	Eigenverantwortung, Analytische Fähigkeiten, Sachlichkeit, Beharrlichkeit, Pflichtbewusstsein

***Tabelle 2**: Auszug der Kerntätigkeiten und Schlüsselkompetenzen nach dem Kompetenzatlas (Heyse & Erpenbeck, 2007).*

4.3 Kompetenzanforderungen im Vergleich

Der direkte Vergleich verdeutlicht die unterschiedlichen Kompetenzanforderungen in den jeweiligen Kompetenzbereichen. Sie basieren auf den tätigkeitsbezogenen Identifikationsmerkmalen, die sich je nach Jobfamilie unterscheiden

Kompetenzbereich	Klassisch	Einrichter	Bediener
Eigenverantwortung	++	++	+
Analytische Fähigkeiten	++	++	△
Sachlichkeit	++	+	△
Disziplin	+	++	++
Belastbarkeit	+	++	+
Zuverlässigkeit	+	+	++
Gewissenhaftigkeit	△	++	+
Beurteilungsvermögen	△	+	++

Legende: ++ = Kern, + = wichtig, △ = nachgeordnet. (Datenbasis: Rollen-SOLL-Profile)

***Tabelle 3**: Auszug Kompetenzanforderungen im Vergleich*

5. Diskussion

Die Ergebnisse dieser konzeptionellen Vorstudie liefern erste Evidenz für Kompetenzanforderungen für die Rollen Handschweißer, Einrichter, Bediener. Die befragten Expert:innen bewerten die identifizierten Kompetenzmerkmale je Rolle als äußerst zutreffend. Diese Beschreibungen der Identifikationsmerkmale stellen eine hervorragende Arbeitsgrundlage für die Personalentwicklung insbesondere für Entwicklungsgespräche dar. Die Verschiebung hin zu kognitiven, methodischen und sozialen Kompetenzen weist darauf hin, dass klassische Ausbildungsmuster überarbeitet werden müssen. Cobot-Einrichter übernehmen komplexe Planungs- und Optimierungsaufgaben, während Bediener vor allem prozessnahe Aufgaben der Überwachung und Störfallreaktion durchführen. Sensomotorische Fertigkeiten bleiben zwar relevant, treten jedoch zugunsten kognitiver Kompetenzen deutlich in den Hintergrund. Diese Erkenntnisse erfordern eine empirische Validierung im Rahmen einer systematisch angelegten Hauptstudie mit größerer Stichprobe.

6. Ausblick

Die konzeptionelle Vorstudie bestätigt die Machbarkeit und Relevanz einer systematischen Erfassung von Kompetenzanforderungen beim Einsatz von Assistenzsystemen in der Produktion. Aufbauend auf den identifizierten Kompetenzclustern eröffnet die Studie erste Ansatzpunkte zur Entwicklung differenzierter Upskilling-Pfade für Mitarbeitende in der Mensch-Roboter-Kollaboration. Perspektivisch sollen diese Lernpfade zu modularen Kompetenzentwicklungsformaten weiterentwickelt werden, die den spezifischen Anforderungen einzelner Rollen – etwa Bediener:in oder Einrichter:in – gerecht werden. Im Rahmen einer geplanten Hauptstudie sollen die identifizierten Kompetenzanforderungen empirisch validiert und in praxisnahe didaktische Konzepte überführt werden, um gezielte, individualisierbare Entwicklungspfade für die betriebliche Personalentwicklung abzuleiten. Die geplante Hauptstudie mit erweiterter Stichprobe und branchenübergreifender Ausrichtung soll die entwickelten Hypothesen empirisch überprüfen. Langfristig soll auf dieser Basis ein praxisnahes Modell zur Kompetenzentwicklung in kleinen und mittleren Unternehmen (KMU) entstehen, das sowohl strategische Personalentwicklung als auch adaptive Arbeitsplatzgestaltung unterstützt.

Literatur

1. Acatech. 2023: Kompetenzen für Industrie 4.0: Qualifizierungsbedarfe und Lösungsansätze. München: Acatech.
2. Aguinis, H.; Gottfredson, R. K.; Joo, H. 2013: Avoiding a "me" versus "we" dilemma: Using performance management to turn teams into a source of competitive advantage. In: Business Horizons, 56(4), 503–512.
3. André, E.; Bauer, W. (Hrsg.) 2021: Kompetenzentwicklung für Künstliche Intelligenz – Veränderungen, Bedarfe und Handlungsoptionen. München: Plattform Lernende Systeme.
4. Bundesministerium für Bildung und Forschung (BMBF). 2013: Der Deutsche Qualifikationsrahmen für lebenslanges Lernen (Referenzierungsbericht). Bonn: BMBF.
5. Ericsson, K. A.; Simon, H. A. 1993: Protocol Analysis. Verbal Reports as Data. Rev. Aufl. Cambridge (MA): MIT Press.

6. Erpenbeck, J.; von Rosenstiel, L. (Hrsg.) 2003: Handbuch Kompetenzmessung. Erkennen, verstehen und bewerten von Kompetenzen in der betrieblichen, pädagogischen und psychologischen Praxis. 2. Aufl. Stuttgart: Schäffer-Poeschel.
7. Fronius International GmbH. 2023: Cobot Welding – Anwendungsbericht. Wels: Fronius. Online verfügbar unter: https://www.fronius.com/de-de/germany/schweisstechnik/info-center/news/cobot-welding-131224
8. Heyse, V.; Erpenbeck, J. 2007: Kompetenzmessung. 1. Aufl. Stuttgart: Schäffer-Poeschel.
9. Koch-Westhoff, N.; Westhoff, H. 2020: TAToo – Task Analysis Tools. Dresden: Technische Universität Dresden. Online verfügbar unter: https://tu-dresden.de/mn/psychologie/iaosp/diagnostische/ressourcen/dateien/innovationsprofil/Koch-Westhoff_TAToo_DE-com.pdf
10. Lorch Schweißtechnik GmbH. 2024: Kollaboratives Schweißen mit dem Cobot. Auenwald: Lorch. Online verfügbar unter: https://www.lorch.eu/de/produkte/automatisiertes-schweissen/kollaborierendes-schweissen
11. Mayring, P. 2015: Qualitative Inhaltsanalyse. Grundlagen und Techniken. 12. Aufl. Weinheim: Beltz.
12. OECD. 2005: The Definition and Selection of Key Competencies (DeSeCo). Paris: OECD Publishing.
13. Plattform Industrie 4.0. 2024: Qualifikationen und Kompetenzen für Industrie 4.0. Wien: Bundesministerium für Arbeit und Wirtschaft. Online verfügbar unter: https://infothek.bmwa.gv.at/industrie-4-0-neue-kompetenzen
14. Trumpf GmbH + Co. KG. 2024: Schweißkompetenz mit kollaborativen Robotern. Ditzingen: Trumpf. Online verfügbar unter: https://www.trumpf.com/de_INT/produkte/maschinen-systeme/laserschweissanlagen-und-lichtbogenschweisszelle/schweisskompetenz/

Informationskanäle und arbeitswissenschaftliche Gestaltung in der Kleinserienfertigung unter Verwendung autonomer Schweißtechnologie

Rico GANßAUGE, Lukas BURCHARD, Roberto KOCKROW

Arbeitsgebiet Arbeitswissenschaft / Arbeitspsychologie
Brandenburgische Technische Universität (BTU) Cottbus-Senftenberg
Siemens-Halske-Ring 14, D-03046 Cottbus
+49 (0) 355 / 69 5047, Email: rico.ganssauge@b-tu.de

Kurzfassung: Einfach programmierbare Schweißroboter ermöglichen die Automatisierung in der Kleinserienfertigung, verändern jedoch zentrale Informationskanäle. Haptische Rückmeldungen entfallen, visuelle und akustische Signale sind abgeschwächt. Dadurch verlagern sich die Anforderungen von sensomotorischer Steuerung zu kognitiver Überwachung. Im Technikstressmodell nach Hoppe erscheinen diese Veränderungen als direkte und indirekte Reize mit potenziell negativen oder förderlichen Folgen. Der Beitrag zeigt arbeitswissenschaftliche Gestaltungsprinzipien auf, die eine menschengerechte und nachhaltige Einführung der Schweißrobotik sichern.

Schlüsselwörter: Schweißrobotik, Kleinserienfertigung, Informationskanäle, Technikstress, Arbeitswissenschaft

1. Einleitung

Die Schweißtechnik ist ein zentrales Verfahren der industriellen Fertigung und traditionell stark durch manuelle Arbeit geprägt. Während automatisierte Schweißprozesse in der Großserie seit Jahrzehnten etabliert sind, galt ihre Nutzung in der Kleinserienfertigung aufgrund komplexer Programmierung und hoher Rüstkosten lange als unwirtschaftlich (Schunkert & Ryll, 2022). Mit einfach programmierbaren Industrierobotern und kollaborativen Robotern („Cobots") verändert sich dies grundlegend. Kleinserien können wirtschaftlich automatisiert werden, Beschäftigte werden von monotonen und körperlich belastenden Tätigkeiten entlastet (acatech, 2016). Gleichzeitig entstehen neue Rollen- und Aufgabenprofile, die klassische Kompetenzmodelle von Handschweißern nicht mehr adäquat abbilden.

Ein Kernaspekt dieses Wandels ist die Veränderung der Informationskanäle im Schweißprozess. Beim Handschweißen sichern visuelle, akustische und haptische Rückmeldungen die Prozesskontrolle (Schlick et al., 2018, S. 463). Mit teilautonomen Robotersystemen vergrößert sich der Abstand zwischen Mensch und Prozess. Haptische Signale entfallen vollständig, visuelle und akustische Wahrnehmungen sind nur eingeschränkt verfügbar. Damit verschiebt sich die Tätigkeit von sensomotorischer Steuerung hin zu kognitiver Überwachung und Bewertung, mit weitreichenden Folgen für Arbeitsgestaltung und Qualifizierung.

Vor diesem Hintergrund gewinnt die arbeitswissenschaftliche Perspektive auf Technikstress an Bedeutung. Für die begriffliche Klärung ist das Belastungs-Beanspruchungs-Konzept der DIN EN ISO 10075-1 maßgeblich. Psychische Belastung bezeichnet die Gesamtheit äußerer, erfassbarer Einflüsse, die psychisch auf eine Person einwirken (wertfrei), psychische Beanspruchung deren unmittelbare Wirkung im Individuum. Als Stressreaktion wird eine negative Beanspruchungsfolge definiert, die aus der negativen Bewertung einer Belastung als Bedrohung eigener Ziele oder Werte resultiert (DIN EN ISO 10075-1:2018, 3.2.3.3). Positive Beanspruchungsfolgen wie Aktivierung, Lernen oder Kompetenzentwicklung werden in der Norm, anders als von Selye (1976, S. 54), nicht als „Eustress“, sondern als förderliche Beanspruchungsfolgen bezeichnet (DIN EN ISO 10075-1:2018, 3.2.1–3.2.2). Negative Beanspruchungsfolgen werden in der Norm, ebenfalls anders als bei Selye (1976, S. 54) nicht als „Distress“, sondern als Stressreaktionen und weitere beeinträchtigende Beanspruchungsfolgen beschrieben (z. B. psychische Ermüdung, Monotonie, Burnout; DIN EN ISO 10075-1:2018, 3.2.3–3.2.4). Historisch, aber nicht mehr aktuell, wurde Stress als unspezifische Reaktion des Organismus auf Anforderungen beschrieben und zwischen Eustress und Distress unterschieden (Selye, 1936; 1950; 1956). Für diesen Beitrag wird diese Terminologie in die DIN-Logik übersetzt. Eustress (positiver Stress) entspricht förderlichen Beanspruchungsfolgen, Distress (negativer Stress) entspricht Stressreaktionen.

Ziel des Beitrags ist es, die Verbindung zwischen veränderten Informationskanälen bei der Automation von Schweißarbeiten und Technikstress systematisch herauszuarbeiten. Im Mittelpunkt steht die Frage, welche direkten und indirekten Stressoren durch den Einsatz einfach programmierbarer Roboter entstehen, welche förderlichen Beanspruchungsfolgen möglich und welche arbeitswissenschaftlichen Gestaltungsprinzipien erforderlich sind, um menschengerechte und effiziente Arbeitssysteme zu realisieren.

2. Veränderte Informationskanäle

Das manuelle Schweißen ist durch enge Prozessnähe und die unmittelbare Steuerung der Bewegungsabläufe auf Basis multimodaler Sinneskanäle geprägt. Visuelle Informationen zur Form und Stabilität des Schmelzbades, akustische Hinweise wie das Lichtbogengeräusch sowie haptische Rückmeldungen beim Führen von Brenner und Draht ermöglichen eine kontinuierliche Prozesskontrolle und feinmotorische Korrekturen in Echtzeit (Schlick et al., 2018, S. 463).

Mit dem Einsatz einfach programmierbarer Industrieroboter und kollaborativer Roboter verschiebt sich diese Informationsbasis grundlegend. Der Abstand zum Werkstück vergrößert sich, die Prozessführung erfolgt teilautonom. Visuelle und akustische Rückmeldungen sind dadurch abgeschwächt, haptische Wahrnehmungen entfallen vollständig. Beschäftigte übernehmen vorwiegend Überwachungs- und Eingriffsaufgaben, sodass sich die Tätigkeit von sensomotorischer Steuerung hin zu kognitiven Kontroll- und Bewertungsprozessen verlagert.

In weiterentwickelten Automationsszenarien kommt die gleichzeitige Überwachung mehrerer Anlagen hinzu. Die daraus resultierende Signalüberlagerung erschwert die eindeutige Zuordnung von Informationen und erhöht das Risiko von Fehldeutungen. Vergleichbare Phänomene sind aus der Mehrmaschinenbedienung bekannt, bei der sich die Informationsaufnahme und -verarbeitung durch veränderte Prozessnähe ebenfalls grundlegend wandelte (Wäfler et al., 2003). Dies unterstreicht, dass es sich nicht nur um technologische Anpassungen handelt, sondern um tiefgreifende Veränderungen der Mensch-Technik-Interaktion.

Der Verlust direkter Rückmeldungen erfordert eine gezielte Substitution durch geeignete Sensorik und Informationsdarstellung. Erste Ansätze nutzen akustische Signale zur Erkennung von Prozesszuständen oder Verschleißmerkmalen, die mithilfe Künstlicher Intelligenz (KI) ausgewertet werden können (Grätzel et al., 2022). Solche Verfahren können die fehlende Haptik kompensieren und die Prozesssicherheit erhöhen. Für kleine und mittlere Unternehmen stellt die Entwicklung praktikabler und kostensensibler Lösungen jedoch eine besondere Herausforderung dar.

Insgesamt zeigt sich, dass die Veränderung der Informationskanäle beim Übergang zur Schweißrobotik nicht allein ein technisches, sondern primär ein arbeitswissenschaftliches Thema ist. Sie beeinflusst, wie Beschäftigte Prozesse wahrnehmen, interpretieren und kontrollieren, und wirkt damit direkt auf die psychische Beanspruchung. Dies bildet einen zentralen Ansatzpunkt für die Analyse potenzieller Technikstressoren sowie für die Entwicklung menschengerechter Gestaltungsprinzipien im Sinne der DIN EN ISO 10075-1.

3. Technikstress (Modelllage, Relevanz für Robotik)

Die Digitalisierung und Automatisierung industrieller Prozesse bringt nicht nur Effizienzgewinne, sondern auch neue Formen psychischer Belastungen mit sich. Im wissenschaftlichen Diskurs werden diese unter den Begriffen Technostress, digitaler Stress oder Technikstress gefasst (Brod, 1982; Gimpel et al., 2024). Internationale Studien fokussieren dabei vor allem auf informations- und kommunikationstechnologie-bezogene Stressoren wie Informationsüberflutung, ständige Erreichbarkeit oder Werkzeugkomplexität (Ragu-Nathan et al., 2008; Tarafdar et al., 2014; Gimpel et al., 2024). Die arbeitswissenschaftliche Forschung an der Brandenburgischen Technischen Universität Cottbus–Senftenberg erweitert diesen Fokus bereits seit 2006 systematisch auf mechatronische Systeme und automatisierte Produktionsumgebungen. Damit wird Technikstress nicht allein als IKT-Phänomen verstanden, sondern als umfassendes Konzept zur Analyse von Mensch-Technik-Interaktionen in industriellen Arbeitssystemen.

Aufbauend auf dem Belastungs-Beanspruchungs-Konzept beschreibt das Technikstressmodell von Hoppe (2006, 2009) Technikstress als Beanspruchung durch direkte technologische Reize (z. B. Maschineninteraktion, Signalflut oder Sicherheitswahrnehmungen) sowie indirekte Reize (z. B. Rollenunsicherheit, organisatorische Veränderungen, Automatisierungsgrad oder Rollenunsicherheit). Eine Stärke dieses Modells ist die explizite Differenzierung zwischen negativen Beanspruchungsfolgen (Stressreaktionen im Sinne der DIN EN ISO 10075-1) und der an Selyes Konzept des Eustress anschließen positiven Beanspruchungsfolgen (Lernprozesse, Motivation) der Technikinteraktion. Während internationale Ansätze primär IKT-bezogene Stressoren betonen (Brod, 1982; Ragu-Nathan et al., 2008; Tarafdar et al., 2014; Gimpel et al., 2024), hat die Arbeitswissenschaft an der BTU Cottbus–Senftenberg diesen Fokus seit 2006 systematisch erweitert und auf mechatronische Systeme sowie automatisierte Produktionsumgebungen übertragen. Dies ermöglicht eine passgenaue Analyse der Veränderungen, die mit Schweißrobotern in der Kleinserienfertigung verbunden sind.

Gerade für die Schweißrobotik ist dieser Ansatz anschlussfähig. Der Wegfall haptischer Rückmeldungen, die Abschwächung visueller und akustischer Signale sowie die Überlagerung mehrerer Informationsquellen wirken als direkte Reize, die die kognitiven Anforderungen erhöhen und Fehlbeanspruchungen begünstigen können. Gleichzeitig entstehen indirekte Reize durch Rollenverschiebungen, etwa wenn Schweißfachkräfte zu Bedienern oder Einrichtern werden, sowie durch veränderte Verantwortlichkeiten und Unsicherheiten bezüglich der eigenen Qualifikation.

Ob diese Veränderungen überwiegend zu Stressreaktionen (negativen Folgen) oder zu förderlichen Beanspruchungsfolgen (positiven Effekten) führen, hängt maßgeblich von der Gestaltung der Arbeitssysteme ab. Unterstützen klare Informationsdarstellung, geeignete Sensorik und gezielte Weiterbildung die Beschäftigten, kann Technikstress in Richtung Lernen und Kompetenzentwicklung wirksam werden. Fehlen hingegen solche Maßnahmen, drohen Überforderung, Akzeptanzprobleme und Qualitätseinbußen.

Für die arbeitswissenschaftliche Analyse bedeutet dies, dass Technikstress im Kontext der Schweißrobotik kein Randaspekt ist, sondern ein zentrales Phänomen. Er bildet den Bezugsrahmen, um die Auswirkungen veränderter Informationskanäle auf Wahrnehmung, Beanspruchung und Kompetenzentwicklung systematisch zu verstehen und die Gestaltung von Mensch-Roboter-Systemen menschengerecht und nachhaltig auszurichten.

4. Veränderungen im Informationsverarbeitungsprozess

Der Übergang vom Handschweißen zum robotergestützten Schweißen verändert die Grundlage der menschlichen Informationsverarbeitung grundlegend. Während beim manuellen Verfahren multimodale Sinnesrückmeldungen eine unmittelbare Handlungssteuerung ermöglichen, führt der Robotereinsatz zu einer Entkopplung zwischen Mensch und Prozess. Wie in Kapitel 2 beschrieben, entfallen haptische Signale vollständig, visuelle und akustische Rückmeldungen sind reduziert, und bei Mehranlagenüberwachung kommt es zu Signalüberlagerungen.

Im Technikstressmodell nach Hoppe (2006, 2009) lassen sich diese Veränderungen als direkte technologische Reize klassifizieren, da sie unmittelbar auf die Wahrnehmung und Informationsverarbeitung wirken. Sie erhöhen die kognitive Beanspruchung und können je nach Arbeitsgestaltung entweder zu Stressreaktionen (z. B. Überforderung, Fehlbeanspruchung) oder zu förderlichen Beanspruchungsfolgen (z. B. Training von Vigilanz, Kompetenzzuwachs) führen.

Indirekte technologische Reize ergeben sich aus den mit der Automatisierung verbundenen Rollen- und Kompetenzverschiebungen. Der Wechsel vom Handschweißer zum Anlagenbediener oder Einrichter verändert Anforderungsprofile, kann Unsicherheiten hinsichtlich beruflicher Identität erzeugen und Verantwortungsdiffusion begünstigen. Hinzu kommen Zeit- und Qualitätsdruck sowie die Angst vor Substituierbarkeit durch Automatisierung, die das Belastungserleben verstärken können (Gimpel et al., 2024).

Ob diese direkten und indirekten Reize überwiegend in Stressreaktionen im Sinne der DIN EN ISO 10075-1 (negative Beanspruchungsfolgen) münden oder förderliche Beanspruchungsfolgen im Sinne positiver Stresswirkungen anstoßen, hängt maßgeblich von der Gestaltung der Arbeitssysteme ab. Entscheidend sind insbesondere sensorische Substitution, klare Informationsdarstellung, realistische Taktgestaltung, gezielte Weiterbildung sowie partizipative Gestaltung.

Die Wechselwirkungen lassen sich in der folgenden Übersicht verdichten:

Kanalveränderung	Möglicher Stressor	Technikstress-Kategorie	Gestaltungsprinzip
Wegfall haptischer Rückmeldung	Erhöhte kognitive Überwachungslast	Direkter Reiz	Sensorische Substitution (visuelle Proxies, akustische Muster)
Gedämpfte/überlagerte visuelle & akustische Signale	Fehlinterpretation, Zuordnungsfehler	Direkter Reiz	Klare Signalzuordnung, Reduktion von Störgeräuschen
Mehranlagen--bedienung	Informationsüberlastung, Vigilanzprobleme	Direkter Reiz	Priorisierung, kontextsensitive Alarme (Wäfler et al., 2003)
Rollenwechsel Handschweißer → Bediener/Einrichter	Kompetenzunsicherheit, Identitätskonflikt	Indirekter Reiz	Rollenklärung, aufgabenorientiertes Upskilling
Zeit- und Qualitätsdruck	Überforderung, Fehlbeanspruchung	Indirekter Reiz	Realistische Taktgestaltung, Unterstützungssysteme
Arbeitsplatzunsicherheit	Angst, Akzeptanzprobleme	Indirekter Reiz	Partizipation, transparente Kommunikation

Tabelle 1: *Technikstressoren und Gestaltungsprinzipien nach Hoppe (2009)*

Damit wird deutlich, dass die Transformation der Informationskanäle nicht nur technische Anpassungen erfordert, sondern vor allem arbeitswissenschaftliche Gestaltung. Das Technikstressmodell nach Hoppe, wie es an der BTU Cottbus–Senftenberg weiterentwickelt wird, bietet hierfür einen geeigneten Bezugsrahmen, um Belastungen und Potenziale gleichermaßen zu erfassen und systematisch in menschengerechte Konzepte zu überführen.

5. Arbeitswissenschaftliche Gestaltungsprinzipien

Die veränderten Informationskanäle und die daraus resultierenden Stressoren verdeutlichen, dass die Einführung einfach programmierbarer Schweißroboter in der Kleinserienfertigung primär arbeitswissenschaftliche Herausforderungen aufwirft.

Ein zentraler Ansatzpunkt ist die sensorische Substitution. Da haptische Rückmeldungen entfallen, müssen sie durch visuelle und akustische Darstellungen kompensiert werden. Prozessnahe Visualisierungen, wie etwa Schmelzbad-Proxys oder Anzeigen zu Brennerlage und Parametervarianzen, können fehlende

Wahrnehmungen ersetzen (Schlick et al., 2018). Ergänzend bietet die akustische Mustererkennung, die bereits in der Prozessdiagnostik erprobt ist, eine kostengünstige Möglichkeit, prozessrelevante Rückmeldungen bereitzustellen (Grätzel et al., 2022).

Ebenso bedeutsam ist die Gestaltung von Benutzerschnittstellen und Alarmsystemen. Signalverdichtung und Mehranlagenüberwachung erhöhen das Risiko von Fehlinterpretationen und Alarmmüdigkeit. Dem lässt sich durch priorisierte, redundant codierte und eindeutig zuordenbare Alarme entgegenwirken, die Relevanz und Zuordnungssicherheit gewährleisten (Tarafdar et al., 2014).

Darüber hinaus ist die Rollen- und Verantwortlichkeitsklärung entscheidend. Der Übergang vom Handschweißen zu Überwachungs- und Einrichterfunktionen verändert berufliche Identitäten und kann Kompetenzunsicherheiten auslösen. Klare Arbeitsanweisungen und eindeutige Abgrenzungen reduzieren Stress und erhöhen die Prozesssicherheit (Hoppe, 2009). Dieser Effekt verstärkt sich, wenn Beschäftigte durch aufgabenorientierte Weiterbildung in Signalinterpretation, Störfallbewältigung und Parametrierung gezielt befähigt werden. Solche praxisnahen Maßnahmen stärken das Kompetenzempfinden und können potenzielle Stressreaktionen in förderliche Beanspruchungsfolgen transformieren (André & Bauer, 2021).

Für kleine und mittlere Unternehmen ist es notwendig, kostensensible und dennoch prozessrelevante Lösungen umzusetzen. Minimal-invasive Sensorsysteme wie akustische Proxies oder einfache Go/No-Go-Indikatoren sind praktikable Optionen, sofern ihre Informationsausgabe klar interpretierbar bleibt und direkt an den Arbeitsaufgaben ansetzt (Grätzel et al., 2022).

Schließlich wirkt Partizipation als Schlüsselfaktor zur Stressminderung. Werden Beschäftigte in die Entwicklung von Schnittstellen, Arbeitsanweisungen und Qualifizierungsprogrammen einbezogen, können nutzerspezifische Anforderungen besser berücksichtigt werden. Dies erhöht das Gefühl von Kontrolle und Akzeptanz, reduziert technikinduzierte Fehlbeanspruchung und unterstützt eine menschengerechte Gestaltung (Hoppe, 2006).

Insgesamt wird deutlich, dass eine stressreduzierende und lernförderliche Einführung von Schweißrobotik gelingt nur durch das Zusammenspiel von

Informationsdarstellung, Rollenklärung, Weiterbildung und Partizipation. Arbeitswissenschaftliche Prinzipien bilden den zentralen Bezugsrahmen, um technologische Innovationen mit menschengerechter Arbeit zu verbinden.

6. Thesen

Aus den dargestellten Zusammenhängen ergeben sich folgende zentrale Thesen zur Verbindung von veränderten Informationskanälen, Technikstress und arbeitswissenschaftlicher Gestaltung:

- These 1: Der Wegfall haptischer Rückmeldungen beim Übergang vom Handschweißen zur Robotik ist ein zentraler Technikstressfaktor. Ohne sensorische Substitution steigt die kognitive Überwachungslast, Reaktionszeiten verlängern sich und die Fehleranfälligkeit nimmt zu (Schlick et al., 2018; Hoppe, 2009).
- These 2: Die Signalverdichtung bei Mehranlagenbedienung erhöht das Risiko von Informationsüberlastung und Fehlinterpretationen. Fehlt eine kontextsensitive Aggregation und eindeutige Zuordnung, verstärkt sich Technikstress durch Overload- und Complexity-Effekte (Wäfler et al., 2003; Tarafdar et al., 2017; Hoppe, 2009).
- These 3: Aufgabenorientierte Weiterbildung in Signalinterpretation, Parametrierung und Störfallbewältigung kann Technikstress in förderliche Beanspruchungsfolgen transformieren. Sie stärkt Kontroll- und Kompetenzempfinden und wirkt als Puffer gegenüber Unsicherheit und Überforderung (André & Bauer, 2021; Heyse & Erpenbeck, 2009).
- These 4: Partizipation in der Arbeitsgestaltung reduziert technikinduzierte Stressreaktionen und erhöht Akzeptanz. Die Einbindung der Beschäftigten in Schnittstellen-, Anweisungs- und Qualifizierungsentwicklung fördert Identifikation und menschengerechte Nutzung (Hoppe, 2006).
- These 5: Qualität und Prozesssicherheit in der Kleinserienfertigung hängen nicht von der Datenmenge ab, sondern von Passung und Interpretierbarkeit.

Sensorsysteme müssen daher auf das Wesentliche reduziert und klar handlungswirksam gestaltet sein (Grätzel et al., 2022).

Damit wird deutlich: Technikstress ist kein Randphänomen, sondern ein zentraler Gestaltungsfaktor für die Einführung von Schweißrobotik. Die arbeitswissenschaftliche Forschung an der BTU Cottbus–Senftenberg zeigt, dass Stressreaktionen und förderliche Beanspruchungsfolgen gleichermaßen berücksichtigt werden müssen, um Automatisierung menschengerecht und nachhaltig zu gestalten.

7. Fazit

Die Einführung einfach programmierbarer Schweißroboter in der Kleinserienfertigung markiert einen bedeutsamen Wandel in der Arbeitsrealität. Besonders auffällig ist die Veränderung der Informationskanäle: Während beim Handschweißen visuelle, akustische und haptische Rückmeldungen die Steuerung des Prozesses unterstützen, entfällt bei der automatisierten Schweißtechnik ausschließlich die haptische Dimension, und die verbleibenden visuellen und akustischen Signale stehen nur abgeschwächt zur Verfügung. Diese Entkopplung verschiebt den Fokus der Arbeitsaufgaben von sensomotorischer Steuerung hin zu kognitiver Überwachung, was die Gefahr von Informationsüberlastung und Fehlinterpretationen erhöht.

Das Technikstressmodell nach Hoppe (2006, 2009) bietet einen adäquaten Rahmen, um diese Veränderungen zu verstehen und zu analysieren. Es unterscheidet zwischen direkten und indirekten technologischen Reizen sowie zwischen negativen (Stressreaktionen) und positiven (förderlichen Beanspruchungsfolgen) Wirkungen. Es zeigt sich, dass psychische Belastungen nicht zwangsläufig auftreten müssen, sondern stark von der Gestaltung der Arbeitssysteme abhängen.

Die arbeitswissenschaftliche Analyse verdeutlicht, dass eine erfolgreiche Automatisierung durch den Einsatz von Schweißrobotern vor allem durch sensorische Substitution, kontextsensitive Informationsdarstellung, klare Rollenverteilung, aufgabenorientiertes Upskilling und partizipative Gestaltung erreicht werden kann. Für kleine und mittlere Unternehmen ist es essentiell, kosteneffiziente und gleichzeitig prozessnahe Lösungen zu entwickeln, die direkt an den Arbeitsaufgaben ansetzen und somit den Übergang zur Robotik erleichtern.

Zusammenfassend zeigt der Beitrag, dass die Einführung von Schweißrobotern nicht allein eine technische Herausforderung darstellt, sondern primär eine arbeitswissenschaftliche Aufgabe ist. Nur durch eine gezielte Anpassung der Informationskanäle, Kompetenzen und Arbeitsorganisation kann Technikstress vermieden und die Potenziale der Beschäftigten produktiv genutzt werden. Dies legt die Grundlage für eine nachhaltige und akzeptierte Automatisierung in der Kleinserienfertigung.

Literatur

1. acatech. (2016). *Kompetenzen für Industrie 4.0: Qualifizierungsbedarfe und Lösungsansätze*. München: Herbert Utz Verlag.
2. André, E., & Bauer, W. (2021). Aufgabenorientiertes Kompetenzmanagement. *Lernende Systeme*. https://doi.org/10.48669/pls_2021-2
3. Brod, C. (1982). *Managing technostress: Optimizing the use of computer technology*. Personnel Journal, 61(10), 753–757.
4. Gimpel, H., Lanzl, J., Regal, C., Urbach, N., Wischniewski, S., & Angerer, P. (2024a). *Digitaler Stress in Deutschland 2024*. Augsburg: Projektgruppe Wirtschaftsinformatik.
5. Grätzel, M., da Silva, L. F. M., Martins, P. A. F., & Reisgen, U. (2022). Investigation of the directional characteristics of the emitted airborne sound by friction stir welding for online process monitoring. In L. F. M. da Silva, P. A. F. Martins, & U. Reisgen (Hrsg.), *Proceedings of the 2nd International Conference on Advanced Joining Processes (AJP 2021)* (S. 25–36). Cham: Springer. https://doi.org/10.1007/978-3-030-95463-5_3
6. Hoppe, A. (2006). Technikstress – ein arbeitswissenschaftlicher Erklärungsansatz. In W. Hacker & E. Ulich (Hrsg.), *Allgemeine Arbeitspsychologie: Psychische Regulation von Arbeitstätigkeiten* (S. 403–418). Stuttgart: Schäffer-Poeschel.
7. Hoppe, A. (2009). *Technikstress: Beanspruchung und Bewältigung bei der Nutzung von IKT*. Lengerich: Pabst.
8. Ragu-Nathan, T. S., Tarafdar, M., Ragu-Nathan, B. S., & Tu, Q. (2008). The consequences of technostress for end users in organizations: Conceptual development and empirical validation. Information Systems Research, 19(4), 417–433. https://doi.org/10.1287/isre.1070.0165
9. Schlick, C., Bruder, R. & Luczak, H. (2018). Arbeitswissenschaft. In Springer eBooks. https://doi.org/10.1007/978-3-662-56037-2

10. Schunkert, A., & Ryll, C. (2022). Kollaborative Roboterapplikationen – Von der Idee bis zur Integration. München: Carl Hanser Verlag.
11. Tarafdar, M., Pullins, E. B. & Ragu-Nathan, T. S. (2014). Technostress: negative effect on performance and possible mitigations. Information Systems Journal, 25(2), 103–132. https://doi.org/10.1111/isj.12042
12. Wäfler, A., Grote, G., Windischer, A. & Ryser, C. (2003). KOMPASS: A Method for Complementary System Design. Handbook Of Cognitive Task Design. http://irf.fhnw.ch/handle/11654/11554

Welche Rolle spielt der Mensch (noch) im Zeitalter der Automatisierung und Künstlichen Intelligenz?

Alexander EZZELDIN

Brandenburgische Technische Universität Cottbus-Senftenberg
Siemens-Halske-Ring 14, 03046 Cottbus
+49 (0) 355/694099, Email: alexander.ezzeldin@b-tu.de

Kurzfassung: Die fortschreitende Digitalisierung und der Einsatz von Künstlicher Intelligenz (KI) verändern die Arbeitswelt grundlegend. KI übernimmt vor allem repetitive, datenintensive Aufgaben, während kreative, soziale und komplexe Tätigkeiten weiterhin menschliches Engagement erfordern. Das Modell der Hybrid-Intelligenz beschreibt die enge Zusammenarbeit von Mensch und Maschine, wobei beide ihre Stärken einbringen. Neue Qualifikationen, darunter technisches Verständnis und soziale Kompetenzen, sind entscheidend, um den Wandel zu gestalten. Erfolgreiches Change Management und Mitbestimmung fördern Akzeptanz und Empowerment der Beschäftigten. So kann eine menschzentrierte, nachhaltige Arbeitswelt im Zeitalter der KI entstehen, in der Mensch und Technologie sich ergänzen und gemeinsam arbeiten.

Schlüsselwörter: Künstliche Intelligenz, Hybrid-Intelligenz, Arbeitsgestaltung, Change Management.

1. Einleitung

Die fortschreitende Digitalisierung und Automatisierung verändern die Arbeitswelt tiefgreifend und nachhaltig. Insbesondere Künstliche Intelligenz (KI) sorgt für einen Paradigmenwechsel in vielen Branchen und Arbeitsbereichen. Im Mittelpunkt der Diskussion steht dabei die Frage, ob der Mensch im Arbeitsprozess zukünftig noch eine zentrale Rolle einnimmt oder zunehmend durch Maschinen und Algorithmen ersetzt wird.

Diese Frage wird aus unterschiedlichen Perspektiven betrachtet: arbeitswissenschaftlich, arbeitspsychologisch und technologisch. Während die Technik auf eine Steigerung der Effizienz, Präzision und Automatisierung zielt, richtet sich der Fokus der Arbeitswissenschaft auf die Gestaltung von Arbeit, die Einbindung des Menschen und die Auswirkungen auf Beschäftigte. Arbeitspsychologisch stehen die Motivation, das Wohlbefinden sowie die Anforderungen und Fähigkeiten der Mitarbeitenden im Vordergrund.

Der vorliegende Beitrag basiert auf aktuellen empirischen Studien ab dem Jahr 2020, ergänzt durch praxisnahe Fallbeispiele und theoretische Konzepte. Ziel ist es, die Rolle des Menschen im Kontext real eingesetzter KI-Systeme differenziert zu beleuchten und dabei Chancen, Risiken sowie Gestaltungsmöglichkeiten aufzuzeigen. Dabei wird deutlich, dass der Mensch trotz aller technologischen Fortschritte weiterhin eine zentrale, wenn auch veränderte Rolle im Arbeitsprozess spielt.

2. Empirische Realität – KI-Einsatz und menschliche Rolle

2.1 Aktuelle Verbreitung von KI und Automatisierung in Betrieben

Empirische Untersuchungen verdeutlichen, dass die Nutzung von KI-Technologien in der betrieblichen Praxis bislang noch verhältnismäßig begrenzt ist. Laut Ganz et al. (2021) haben nur etwa 6 % der Unternehmen in Deutschland KI in Produkten oder Prozessen implementiert, wobei diese Unternehmen meist im Hightech-Sektor oder in größeren Konzernen angesiedelt sind. Die Mehrheit der kleinen und mittleren Unternehmen (KMU) nutzt bislang kaum KI-basierte Systeme, was an hohen Investitionskosten, mangelndem Know-how und fehlenden Anwendungsbeispielen liegt.

Noch eindrucksvoller ist der Blick auf die Beschäftigten: Nur ca. 0,84 % der Arbeitnehmenden haben tatsächlich direkten Kontakt zu KI-Systemen am Arbeitsplatz (Ganz et al., 2021). Das heißt, der Großteil der Beschäftigten arbeitet weiterhin in klassischen, überwiegend menschlich gesteuerten Tätigkeiten, was darauf hindeutet, dass KI noch nicht flächendeckend den Arbeitsalltag prägt.

In der Praxis zeigt sich, dass KI vor allem in Bereichen wie Datenanalyse, automatisierten Serviceprozessen, Prognose- und Planungssystemen zum Einsatz kommt. Beispielsweise werden in der Kundenbetreuung KI-basierte Chatbots verwendet, die Routineanfragen automatisch bearbeiten, während komplexe oder emotional sensible Anliegen an menschliche Mitarbeitende weitergeleitet werden. Dies ermöglicht eine Entlastung der Beschäftigten und eine bessere Fokussierung auf anspruchsvollere Aufgaben (SpringerLink, 2023).

Ein anschauliches Praxisbeispiel ist der Einsatz von KI im Finanzsektor. Die Deutsche Bank nutzt KI-Systeme, um Transaktionen in Echtzeit auf Auffälligkeiten hin zu analysieren und potenziellen Betrug zu erkennen. Dabei bleibt der Mensch die Entscheidungsinstanz, der die KI-Ergebnisse überprüft, bewertet und letztlich verantwortlich handelt. Dies zeigt, dass KI heute vor allem unterstützend wirkt und Entscheidungen nicht vollständig autonom trifft (Deutsche Bank, 2023).

Der Umstand, dass in über 75 % der Unternehmen KI noch keine Rolle spielt (Ganz et al., 2021), weist auf die frühen Entwicklungsphasen der Technologieintegration und die Herausforderungen hin, die mit der Digitalisierung verbunden sind. Barrieren wie fehlende technische Infrastruktur, Datenschutzbedenken und Unsicherheiten bei der Implementierung verhindern eine schnellere Verbreitung.

2.2 Substitution – Routine versus kreative Tätigkeiten

Die Frage der Substitution durch KI wird in der Forschung differenziert betrachtet. Grundsätzlich sind vor allem repetitive, standardisierte und datenintensive Tätigkeiten von einer Automatisierung bedroht. Solche Aufgaben können von KI-Systemen effizienter, schneller und fehlerfreier erledigt werden. Im Bereich der Verwaltung übernehmen beispielsweise Roboterprozessautomatisierung (RPA) repetitive Arbeitsschritte wie Formularbearbeitung oder Dateneingabe (Susskind & Susskind, 2020).

Gleichzeitig zeigen Studien, dass kreative, soziale und komplexe Tätigkeiten, die auf menschlicher Urteilskraft, Empathie und situativer Anpassungsfähigkeit basieren, weniger ersetzbar sind. Berufe, die Kommunikation, Problemlösung oder kreative

Gestaltung erfordern, profitieren oft von der Unterstützung durch KI, ohne dass die menschliche Rolle entfällt.

Das sogenannte Task-Characterization-Framework von Susskind (2021) verdeutlicht, dass auch Berufe mit hohem Automatisierungspotenzial Routineanteile enthalten, die automatisiert werden können, während wesentliche komplexe Aufgaben weiterhin menschliches Engagement benötigen. Ein Beispiel hierfür ist die juristische Arbeit: Während die Prüfung großer Dokumentenmengen zunehmend automatisiert werden kann, bleiben die Verhandlungsführung und strategische Beratung menschlich.

Ein weiteres Beispiel ist die medizinische Diagnostik, in der KI bei der Analyse bildgebender Verfahren wie MRT oder CT unterstützt, aber die finale Diagnose und Behandlungsempfehlung von Ärztinnen und Ärzten getroffen wird. Die Kombination aus maschineller Präzision und menschlicher Erfahrung führt zu besseren Ergebnissen als jede der beiden Seiten allein (Fraunhofer, 2023).

Zusätzlich wird diskutiert, dass die Substitution von Routineaufgaben nicht zwingend zu einem Wegfall von Arbeitsplätzen führt, sondern zu einer Umgestaltung von Tätigkeiten und einem Wandel der Kompetenzprofile (Susskind & Susskind, 2020). Dies erfordert eine aktive Gestaltung des Übergangs, um Beschäftigte nicht zu verlieren, sondern zu qualifizieren und zu stärken.

3. Mensch-Maschine-Kooperation und Arbeitsgestaltung

3.1 Hybrid-Intelligenz und Human AI Augmentation

Das Modell der Hybrid-Intelligenz beschreibt die Zusammenarbeit von Mensch und Maschine als Symbiose, in der die jeweiligen Stärken kombiniert werden, um komplexe Probleme effektiver zu lösen. Dabei unterstützt KI die menschliche Intelligenz durch datenbasierte Analyse, Mustererkennung und Prognosen, während der Mensch kreative, ethische und kontextbezogene Entscheidungen trifft.

In der Praxis zeigt sich dieses Modell in der medizinischen Bilddiagnostik, in der KI Systeme Anomalien automatisch markieren, Ärzten aber die abschließende Diagnose obliegt (Wilkens, 2021). Diese Zusammenarbeit verbessert die Genauigkeit und reduziert Diagnosefehler. Auch in der Industrie werden hybride Systeme eingesetzt, etwa in der Qualitätskontrolle, wo Maschinen präzise Messdaten liefern und Mitarbeitende die Interpretation und Maßnahmen ableiten.

Technologisch basierte Lernsysteme, die gemeinsam mit Menschen lernen und sich anpassen, prägen das Konzept der Human AI Augmentation. Dies beinhaltet nicht nur die Erweiterung der Fähigkeiten des Menschen, sondern auch eine kontinuierliche Interaktion, bei der beide Seiten voneinander lernen (Information Systems Frontiers, 2025).

Ein weiterführendes Beispiel ist die Nutzung von KI in der Softwareentwicklung. Entwicklerinnen und Entwickler verwenden KI-gestützte Tools, die Codevorschläge machen, Fehler erkennen oder Tests automatisieren. Die letztendliche Programmierung und kreative Lösung von Problemen bleibt jedoch menschlichen Fachkräften vorbehalten, die das Gesamtbild überblicken und Innovationen vorantreiben.

3.2 Augmentierter Arbeitnehmender – Empowerment statt Ersatz

Das Konzept des Augmented Worker stellt den Menschen in den Mittelpunkt der technologischen Entwicklung und verfolgt das Ziel, die Arbeitskraft durch technische Unterstützung zu erweitern, nicht zu ersetzen. Die Industrie 4.0 steht dabei für eine anthropozentrische Arbeitsgestaltung, in der der Mensch mit modernen Assistenzsystemen unterstützt wird.

Ein konkretes Beispiel sind kollaborative Roboter (Cobots), die in der Automobilmontage bei schweren oder monotonen Arbeiten eingesetzt werden. BMW nutzt Cobots, die Mitarbeitende entlasten, die Arbeit sicherer machen und gleichzeitig die Kontrolle beim Menschen lassen. Dies fördert nicht nur die Produktivität, sondern auch die Arbeitszufriedenheit, da sich Mitarbeitende auf anspruchsvollere Aufgaben konzentrieren können (BMW Group, 2023).

Neben körperlicher Unterstützung verbessern Assistenzsysteme auch die kognitive Arbeit, indem sie Entscheidungsgrundlagen liefern, Fehler frühzeitig erkennen und Handlungsoptionen aufzeigen. Dies führt zu einer Stärkung der Autonomie und Innovationskraft der Beschäftigten.

Darüber hinaus entstehen neue Arbeitsformen, bei denen die Rollen zwischen Mensch und Maschine fließend sind. Mitarbeitende übernehmen vermehrt Steuerungs-, Überwachungs- und Gestaltungsfunktionen und werden so zu aktiven Partnern im Produktionsprozess.

3.3 HRO: Überwachung, Ironies of Automation und Situationsbewusstsein

In High Responsibility Organisationen (HRO), wie in der Luftfahrt oder in der Medizin, ist die Rolle des Menschen unverzichtbar, insbesondere in kritischen Situationen. Automatisierte Systeme übernehmen hier vor allem Routinekontrollen und reduzieren die Arbeitsbelastung. Dennoch sind Menschen als letzte Entscheidungsinstanz weiterhin gefragt, etwa bei Systemausfällen oder unvorhergesehenen Ereignissen. Fluglotsen beispielsweise überwachen automatisierte Steuerungssysteme, greifen aber bei Problemen manuell ein, um Sicherheit zu gewährleisten (Onnasch et al., 2021). Eine bekannte Herausforderung ist das Automation Bias, also das Übervertrauen auf automatische Systeme, das zu einem Verlust an Situationsbewusstsein führen kann. Die „Ironie der Automatisierung“ beschreibt, dass Automatisierung zwar Fehler reduziert, jedoch menschliche Fehler in der verbleibenden Steuerungsphase folgenschwerer werden können. Daher investieren HROs stark in Training, Simulation und die Förderung von Entscheidungsfähigkeiten, um die menschliche Kompetenz im Zusammenspiel mit Technik zu stärken.

4. Kompetenzanforderungen, Change Management und Mitbestimmung

4.1 Neue Qualifikationen für Beschäftigte im KI-Kontext

Die Einführung von Künstlicher Intelligenz im Arbeitskontext stellt ganz neue Anforderungen an die Qualifikationen der Beschäftigten. Neben grundlegenden digitalen Fähigkeiten wie dem sicheren Umgang mit Software und Datenbanken wird zunehmend ein vertieftes technisches Verständnis benötigt, um KI-Systeme nicht nur anzuwenden, sondern auch deren Funktionsweisen zu verstehen und zu hinterfragen. Dies schließt zum Beispiel Kenntnisse in Datenanalyse, Algorithmen, Machine Learning und der Interpretation von Ergebnissen ein (Arbeitswissenschaft.net, 2023).

Darüber hinaus gewinnen überfachliche Kompetenzen wie Problemlösungsfähigkeit, Kreativität und kritisches Denken an Bedeutung. Beschäftigte müssen zunehmend in der Lage sein, KI-gestützte Arbeitsergebnisse zu interpretieren, Entscheidungen darauf basierend zu treffen und gegebenenfalls Korrekturen vorzunehmen. Empathie, Kommunikationsfähigkeit und Teamarbeit bleiben unverändert wichtige Kompetenzen, um in komplexen und hybriden Arbeitsumgebungen erfolgreich zu agieren.

Das erweiterte Kompetenzprofil umfasst auch die Fähigkeit, ethische und rechtliche Fragestellungen rund um den Einsatz von KI zu bewerten, beispielsweise im Hinblick auf Datenschutz, Transparenz und Fairness. Die Fähigkeit, das Zusammenwirken von Mensch und Maschine zu gestalten und zu reflektieren, wird zunehmend Teil der Berufsbilder.

Ein praktisches Beispiel bietet Siemens, das umfangreiche Weiterbildungsprogramme für seine Mitarbeitenden etabliert hat. Dort werden Schulungen angeboten, die technisches Know-how mit Methodenkompetenz und ethischer Reflexion verbinden. Ziel ist es, Mitarbeitende zu befähigen, KI-Systeme aktiv mitzugestalten, zu überwachen und bei Bedarf anzupassen – sie werden so zu „KI-Kompetenzträgern" innerhalb der Organisation (Siemens, 2023).

Für Betriebsräte stellt die Thematik eine besondere Herausforderung dar. Neben arbeitsrechtlichen Kenntnissen ist es zunehmend notwendig, technisches Sachverständigenwissen zu entwickeln, um die Auswirkungen von KI-Systemen auf die Arbeitsbedingungen beurteilen und Mitbestimmungsrechte wirksam wahrnehmen zu können (Terstegen & Sandrock, 2021). Die IG Metall und andere Gewerkschaften bieten spezielle Fortbildungen an, die sowohl juristische als auch technische Aspekte umfassen, um eine fundierte Interessenvertretung zu gewährleisten (IG Metall, 2022).

4.2 Change Management bei KI-Einführung

Die erfolgreiche Einführung von KI-Systemen in Unternehmen erfordert ein ganzheitliches und gut durchdachtes Change Management. Dabei ist es essenziell, nicht nur die technische Implementierung, sondern auch die sozialen und organisationalen Aspekte zu berücksichtigen, um negative Effekte wie Überforderung, Ängste oder Ablehnung zu minimieren.

Ein bewährter Ansatz ist das phasenorientierte Vorgehen, das von der Analyse der Ausgangssituation über die Planung, Implementierung bis hin zur Evaluation und kontinuierlichen Anpassung reicht (Stowasser, 2021). Wichtig ist die frühzeitige Einbindung der Beschäftigten, um deren Bedürfnisse, Erwartungen und Bedenken zu erfassen. Dies fördert Akzeptanz und Identifikation mit der neuen Technologie.

Kommunikation spielt eine zentrale Rolle: Offene, transparente und regelmäßige Informationsflüsse schaffen Vertrauen und reduzieren Unsicherheiten. In der Deutschen Bahn wurde bei der Einführung von KI-gestützten Wartungssystemen ein partizipativer Ansatz gewählt, bei dem Beschäftigte in Pilotprojekten direkt in die Entwicklung und Erprobung eingebunden wurden. Dies ermöglichte es, praxisrelevante Herausforderungen frühzeitig zu erkennen und Lösungen gemeinsam zu erarbeiten (Deutsche Bahn, 2022).

Darüber hinaus sollten Schulungen und Trainings gezielt auf die veränderten Arbeitsprozesse und Anforderungen ausgerichtet sein, um Beschäftigte fachlich und psychologisch auf die neue Arbeitssituation vorzubereiten. Begleitende Beratungs- und Unterstützungsangebote helfen, Stress und Überforderung zu vermeiden.

Change Management bedeutet auch, Widerstände ernst zu nehmen und konstruktiv damit umzugehen. Partizipative Methoden wie Workshops, Feedback-Runden oder agile Arbeitsformen ermöglichen es, Beschäftigte als aktive Gestalter einzubeziehen und so den Wandel als gemeinsamen Prozess zu gestalten.

4.3 Beteiligung der Arbeitsorganisation und Mitbestimmung

Die Beteiligung von Beschäftigten, Betriebsräten und Gewerkschaften ist eine Schlüsselfrage für die erfolgreiche Integration von KI am Arbeitsplatz. Mitbestimmung gewährleistet, dass technologische Entwicklungen sozialverträglich gestaltet und die Interessen der Beschäftigten berücksichtigt werden (Terstegen & Sandrock, 2021).

Transparenz ist dabei zentral: Die Funktionsweisen von KI-Systemen sollten verständlich kommuniziert werden, um Vertrauen zu schaffen. Zudem müssen Datenschutzaspekte, insbesondere im Umgang mit personenbezogenen Daten, strikt beachtet werden. Rechtliche Rahmenbedingungen, wie das Betriebsverfassungsgesetz, geben klare Vorgaben für die Beteiligung bei Digitalisierungsvorhaben und bieten Schutzmechanismen für Beschäftigte.

Best-Practice-Modelle aus verschiedenen Branchen zeigen, dass eine frühzeitige und umfassende Einbindung der Arbeitnehmenden nicht nur Konflikte minimiert, sondern auch die Innovationskraft und Qualität der KI-Einführung steigert. In agilen Arbeitsorganisationen werden Mitbestimmung und kontinuierliche Rückkopplung systematisch verankert, um flexibel auf Veränderungen reagieren zu können.

Die Mitbestimmung umfasst auch die Gestaltungsspielräume für die Beschäftigten: So können sie mitbestimmen, wie KI-Systeme ihre Arbeit unterstützen, welche Aufgaben automatisiert werden und wie Arbeitsprozesse neu strukturiert werden. Dies fördert Empowerment und eine positive Haltung gegenüber neuen Technologien.

5. Fazit

Zusammenfassend lässt sich sagen, dass die Rolle des Menschen im Zeitalter der Automatisierung und Künstlichen Intelligenz keineswegs obsolet wird, sondern sich vielmehr grundlegend wandelt. KI-Systeme übernehmen primär repetitive, datenintensive und standardisierte Tätigkeiten, was zu einer Entlastung der Mitarbeitenden führt. Gleichzeitig bleiben kreative, soziale und kontextabhängige Aufgaben weiterhin menschlich geprägt.

Die Konzepte der hybriden Intelligenz und der Human AI Augmentation zeigen eindrucksvoll, wie Mensch und Maschine sich gegenseitig ergänzen können, um die Effektivität und Qualität der Arbeit zu erhöhen. Mitarbeitende übernehmen zunehmend verantwortungsvolle Steuerungs-, Überwachungs- und Reflexionsaufgaben, die ein hohes Maß an Kompetenz, Urteilsvermögen und ethischem Bewusstsein erfordern. Dies erfordert eine umfassende Anpassung der Qualifikationen und eine gezielte Förderung neuer Fähigkeiten. Gleichzeitig ist eine partizipative und menschenzentrierte Gestaltung des Wandels essenziell, um Akzeptanz zu schaffen und Beschäftigte zu empowern. Das Zusammenspiel von Technik, Organisation und Mensch ist komplex und dynamisch. Nur durch eine ganzheitliche Betrachtung und aktive Gestaltung kann sichergestellt werden, dass der Mensch auch in Zukunft der Mittelpunkt der Arbeit bleibt.

6. Ausblick

Der Forschungsbedarf im Bereich der Auswirkungen von KI auf Arbeit ist weiterhin hoch. Insbesondere fehlen bislang längerfristige und repräsentative Studien, die empirisch fundiert Wirkungen auf Arbeitsqualität, Gesundheit, Motivation und Engagement untersuchen. Solche Untersuchungen sind entscheidend, um Chancen und Risiken besser abzuschätzen und gezielte Maßnahmen zu entwickeln.

Darüber hinaus gilt es, die Effektivität von hybriden Mensch-KI-Teams in verschiedenen Branchen und Kontexten systematisch zu evaluieren. Beispielsweise können High Responsibility Organisationen (HRO) wie Luftfahrt, Medizin oder Energieversorgung von innovativen Modellen profitieren, die menschliches Situationsbewusstsein mit KI-gestützter Datenanalyse kombinieren.

Die Entwicklung praxisnaher Qualifizierungsprogramme ist ein weiteres zentrales Handlungsfeld. Diese müssen neben technischen Kompetenzen auch soziale, methodische und ethische Fähigkeiten vermitteln und an die konkreten Anforderungen der jeweiligen Branche angepasst sein.

Auf normativer Ebene ist die Schaffung ethischer Leitlinien und rechtlicher Rahmenbedingungen für den KI-Einsatz am Arbeitsplatz von hoher Bedeutung. Dabei sollten Datenschutz, Mitbestimmung, Transparenz und Fairness im Vordergrund stehen. Die Entwicklung von Beteiligungsmodellen, die Beschäftigte und Betriebsräte in Entscheidungen einbinden, trägt zur Akzeptanz und nachhaltigen Gestaltung bei.

Langfristig wird es darauf ankommen, dass technologische Innovationen mit sozialen und organisatorischen Entwicklungen in Einklang gebracht werden, um eine menschzentrierte, nachhaltige und gerechte Arbeitswelt im Zeitalter der KI zu schaffen.

Literatur

1. Bitkom (2022): Digitalisierung in KMU – Herausforderungen und Chancen. Bitkom Research.
2. BMW Group (2023): Kollaborative Robotik in der Automobilproduktion. BMW Group Report.
3. Charité Berlin (2024): KI-gestützte Radiologie – Fallstudie und Evaluation. Charité Research Reports.
4. Davenport, T.; Ronanki, R. (2020): Artificial Intelligence for the Real World. Harvard Business Review.
5. Deutsche Bahn (2022): Change Management bei KI-Projekten. DB Innovation Reports.
6. Deutsche Bank (2023): KI für Betrugserkennung im Bankwesen. Deutsche Bank Technology Insights.
7. Fraunhofer-Gesellschaft (2023): KI und Kreativität in der Produktentwicklung. Fraunhofer Reports.
8. Ganz, F.; Müller, A.; Weber, S. (2021): Empirische Evidenz zum KI-Einsatz in deutschen Unternehmen. Zeitschrift für Arbeitswissenschaft, SpringerLink.
9. Human-AI Augmentation (2025): Understanding Human AI Augmentation in the Workplace. Information Systems Frontiers, SpringerLink.
10. IG Metall (2022): Mitbestimmung in der KI-Ära. IG Metall Bildung.
11. Onnasch, L.; Manzey, D.; et al. (2021): Ironies of Automation und Situationsbewusstsein in High Responsibility Organisationen. Zeitschrift für Arbeitswissenschaft, SpringerLink.
12. Peifer, Y.; Jeske, T.; Hille, S. (2022): Artificial Intelligence and its Impact on Leaders and Leadership. Procedia Computer Science, Vol. 200.
13. Romero, D.; Bernus, P.; Noran, O.; Stahre, J. (2020): Augmented Worker / Empowerment in Industry 4.0. Procedia Manufacturing, PMC.
14. Siemens AG (2023): Weiterbildung und KI-Kompetenz in der Industrie 4.0. Siemens Reports.
15. Stowasser, S. (2021): Module for Change Management bei KI-Einführung. WORK2021 Konferenz, Arbeitswissenschaft.net.
16. Susskind, R.; Susskind, D. (2020): The Future of the Professions: How Technology Will Transform the Work of Human Experts. Oxford University Press.
17. Susskind, R. (2021): Automation and the Future of Work: Routine vs. Complex Tasks. SpringerLink.
18. Terstegen, S.; Sandrock, S. (2021): KI Kompetenz & Mitbestimmung (Personalpraxis und Recht) (Arbeitswissenschaft.net).
19. Wilkens, U. (2021): Mensch-KI Teaming: SMART Work Design Model & Gestaltung „human-centered hybrid intelligence". Zeitschrift für Arbeitswissenschaft, ResearchGate.

Humanoide Roboter in der Bauindustrie: Potenziale, Herausforderungen und die Rolle der Arbeitswissenschaft

Lukas BURCHARD, Roberto KOCKROW, Rico GANßAUGE

Arbeitsgebiet Arbeitswissenschaft / Arbeitspsychologie
Brandenburgische Technische Universität (BTU) Cottbus-Senftenberg
Siemens-Halske-Ring 14, D-03046 Cottbus
+49 (0) 355 / 69 4808, Email: lukas.burchard@b-tu.de

Kurzfassung: Die Bauindustrie steht vor erheblichen Herausforderungen, z. B. hohe physische Belastungen der Beschäftigten, ein zunehmender Fachkräftemangel sowie steigende Anforderungen an Effizienz und Nachhaltigkeit. Potenziale liegen im Einsatz moderner humanoider Roboter, welche menschenähnliche Bewegungs- und Interaktionsfähigkeiten aufweisen. Damit können sie körperlich beanspruchende Tätigkeiten übernehmen, Sicherheit und Produktivität steigern und so auch die Attraktivität der Branche für bislang unterrepräsentierte Gruppen erhöhen. Damit diese Potenziale wirksam werden, ist jedoch mehr als technologische Innovation erforderlich. Erst die arbeitswissenschaftliche Perspektive, mit ihrem Fokus auf Belastungen, Akzeptanz, Sicherheit und Heterogenität der Akteure, gewährleistet eine menschengerechte, nachhaltige und inklusive Gestaltung. Der Beitrag zeigt, wie das Zusammenspiel von technologischer Entwicklung und arbeitswissenschaftlicher Gestaltung humanoide Robotik zu einem Motor der Transformation im Bauwesen machen kann.

Schlüsselwörter: Humanoide Robotik, Bauindustrie, Arbeitswissenschaft, Technikstress, Nachhaltigkeit

1. Einleitung

Die Bauindustrie zählt zu den zentralen Wirtschaftssektoren, ist jedoch in besonderem Maße durch physisch belastende Arbeitsbedingungen, einen zunehmenden Fachkräftemangel sowie steigende Effizienz- und

Nachhaltigkeitsanforderungen geprägt (Karnena et al., 2021; Arndt et al., 2005; Laborde & Sanvido, 1994). Diese strukturellen Herausforderungen verdeutlichen die Notwendigkeit technologischer Innovationen, die sowohl die Wettbewerbsfähigkeit der Branche sichern als auch Arbeitsprozesse entlasten und gesellschaftliche Zielsetzungen wie Sicherheit, Inklusion und Nachhaltigkeit fördern.

Ein besonders vielversprechender Ansatz ist der Einsatz humanoider Roboter. Sie gelten als Teil der digitalen Transformation und eröffnen neue Möglichkeiten zur Automatisierung komplexer, körperlich beanspruchender sowie gefahrvoller Tätigkeiten (Vasey et al., 2024; Ghaffar et al., 2018; Saidi et al., 2016; Almeida et al., 2016). Ihr Potenzial reicht jedoch weit über reine Effizienzgewinne hinaus. Humanoide Roboter können zu einer menschengerechteren Gestaltung der Bauarbeit beitragen, indem sie physische Belastungen reduzieren oder übernehmen, neue Beschäftigtengruppen integrieren und nachhaltige Bauverfahren unterstützen. Neben Industrierobotern sind im Bereich Gesundheitswesen und Gastronomie bereits Serviceroboter etabliert, welche mit ihrem Fahrwerk jedoch auf stufenlose und ebene Bewegungsbereiche angewiesen sind. Im Gegensatz dazu können zoomorphe und humanoide Roboter auch auf unwegbarem Terrain wie Baustellen agieren. Zoomorphe Systeme eignen sich dabei vor allem für gefährdungsfreie Kartierungs- und Erkundungsaufgaben sowie den Lastentransport von Materialien auf Baustellen. Im Gegensatz zu anderen Robotertypen können speziell humanoide Roboter durch die menschenähnlichen Bewegungmuster auch unterstützende, handwerkliche Tätigkeiten vollführen, sodass in der Baubranche damit große Potenziale verbunden sind. So können beispielsweise Haltearbeiten ohne physische Ermüdung an den notwendigen Einsatzorten über längere Zeiträume präzise und ortstabil durchgeführt werden.

Gleichzeitig wird deutlich, dass die Einführung solcher Systeme nicht allein eine technische Herausforderung darstellt. Bereits heute reagieren flexiblere Systeme auf einfache Umgebungsänderungen, wie zum Beispiel zur Pfadanpassung oder Kollisionsvermeidung. Teilautonome Roboter führen komplexe Aufgaben mit minimaler menschlicher Intervention aus. Grundsätzlich sind aus arbeitswissenschaftlicher Perspektive zwei grundlegende Rollen der menschlichen Akteure mit spezifischen Herausforderungen zu erkennen. Zum einen wird mit dem humanoiden Roboter auf der Baustelle schutzzaunlos und direkt interagiert, zum anderen müssen die Systeme auf technischer Ebene programmiert und administriert werden. Dabei sind teleoperierte Ansätze im Fokus, solange keine zuverlässigen und sicheren, autonomen Steuerungsmethoden mithilfe von Künstlicher Intelligenz (KI) marktverfügbar sind. Aus diesen Rollenbildern ergeben sich auch unterschiedliche Belastungsfaktoren. Damit humanoide Roboter ihr Potenzial tatsächlich entfalten können, müssen sie in bestehende Arbeitssysteme sowohl auf Prozess- als auch auf Organisations- und Interaktionsebene ergonomisch eingebunden werden. Genau an diesen Schnittstellen setzt die arbeitswissenschaftliche Perspektive an. Sie untersucht systematisch Beanspruchung, Belastung, Sicherheit, Akzeptanz und Diversität, macht technikinduzierte Risiken sichtbar und entwickelt Konzepte, um rollenbedingte Fehlbeanspruchungen oder Technikstress zu vermeiden und menschengerechte Arbeitsbedingungen zu fördern.

Unter Technikstress wird die Gesamtheit psychischer Beanspruchungen verstanden, die im Zusammenhang mit der Nutzung technischer Systeme entstehen. Grundlage bildet das Belastungs-Beanspruchungs-Konzept der DIN EN ISO 10075-1: Psychische Belastung bezeichnet dabei alle äußeren, objektiv erfassbaren Einflüsse, die auf eine Person einwirken, während psychische Beanspruchung deren unmittelbare Wirkung im Individuum beschreibt. Aus dieser Beanspruchung können unterschiedliche Folgen resultieren: Stressreaktionen als negative Beanspruchungsfolgen (z. B. Überforderung, Ermüdung, Monotonie) oder förderliche Beanspruchungsfolgen wie Aktivierung, Motivation oder Kompetenzaufbau.

Im wissenschaftlichen Diskurs werden in internationalen Studien unter den Synonymen Technostress, Digitalstress, digitaler Stress und Technikstress (Brod, 1982; Gimpel et al., 2019, Hoppe, 2006) vor allem Informations- und Kommunikationstechnologie-bezogene Stressoren wie Informationsüberflutung, ständige Erreichbarkeit oder Tool-Komplexität betont (Ragu-Nathan et al., 2008; Tarafdar et al., 2017; Gimpel et al., 2019). Die arbeitswissenschaftliche Forschung an der Brandenburgische Technische Universität Cottbus–Senftenberg beforscht Technikstress bereits seit über 20 Jahren (Hoppe, 2006) und inkludiert dabei etwas weitgreifender auch automatisierte Produktionsumgebungen und mechatronische

Systeme, wozu aktuelle humanoide Roboter in der Bauindustrie gezählt werden können.

Das bedeutet, dass Technikstress nicht nur aus digitaler Informationsarbeit entsteht, sondern auch aus spezifischen Bedingungen wie der Arbeit in physischer Nähe zu autonomen Maschinen, Rollen- und Verantwortungsunsicherheiten oder sicherheitskritischen Situationen. Damit wird Technikstress zu einem zentralen Konzept, um die Integration humanoider Roboter im Bauwesen nicht nur technisch, sondern auch menschengerecht und akzeptanzförderlich zu gestalten. Die Einbettung der Arbeitswissenschaft ist somit kein Begleitfaktor, sondern eine Gelingensbedingung für die erfolgreiche Einführung humanoider Roboter. Sie gewährleistet, dass Innovationen nicht nur technisch realisierbar sind, sondern auch akzeptiert, sicher genutzt und nachhaltig in die Arbeitswelt integriert werden.

Ziel des vorliegenden Beitrags ist es daher, die Relevanz humanoider Robotik im Bauwesen darzustellen und insbesondere die Bedeutung der arbeitswissenschaftlichen Perspektive hervorzuheben, wobei zentrale Entwicklungsstränge und Herausforderungen skizziert werden. Es soll aufgezeigt werden, wie technologische und arbeitswissenschaftliche Expertisen zusammenspielen müssen, um tragfähige Lösungen für die Transformation der Bauindustrie zu entwickeln.

2. Hintergrund

Die Bauindustrie ist traditionell durch hohe physische und psychische Belastungen der Beschäftigten geprägt. Schwere körperliche Arbeit, häufig wenig ergonomische Arbeitspositionen sowie ein erhöhtes Unfall- und Erkrankungsrisiko zählen zu den zentralen Herausforderungen. Langzeitstudien belegen, dass Bauarbeiter im Vergleich zu anderen Branchen ein signifikant höheres Risiko für Erwerbsunfähigkeit tragen (Arndt et al., 2005). Diese Arbeitsbedingungen führen nicht nur zu gesundheitlichen Einschränkungen und vorzeitigem Ausscheiden aus dem Erwerbsleben, sondern mindern indirekt auch die Attraktivität der Branche für neue Beschäftigtengruppen. Besonders Frauen sind im Bauhauptgewerbe mit lediglich rund zehn Prozent stark unterrepräsentiert, während in weniger belastungsintensiven

Feldern wie dem Bauingenieurwesen deutlich höhere Anteile erreicht werden (Zahlen und Fakten zur Frau am Bau, 2025).

Heutzutage wird die Steuerung häufig durch Echtzeitsoftware realisiert, die eine nahtlose Integration von Bewegungsplanung und Sensorik ermöglicht (Quigley et al., 2009). Leistungsstarke Aktuatoren, deren Position und Orientierung durch die Berechnung von Gelenkwinkeln präzise bestimmt werden können (Buss, 2004), unterstützen diese Steuerung. Eine Vielzahl von Sensortypen ermöglicht die Erfassung der Umgebung und die Interaktion mit dieser sowie die Sicherstellung von Stabilität und Sicherheit bei Bewegungen, besonders auf unebenem Terrain (Venture et al., 2019). Gleichzeitig werden KI-Algorithmen eingesetzt, um eine adaptive und autonome Interaktion zu ermöglichen (Cao, 2024). Mechanismen wie Kollisionsvermeidung und Notabschaltungen gewährleisten einen sicheren Einsatz in dynamischen Umgebungen (Haddadin et al., 2008). Diese Eigenschaften machen humanoide Roboter zu vielseitigen Werkzeugen in Bereichen wie Industrie, Bauwesen und Gesundheitsversorgung, insbesondere durch die dynamische technologische Entwicklung im Bereich der humanoiden Robotik.

Fortschritte in Steuerungsalgorithmen und Mensch-Roboter-Kollaboration ermöglichen zunehmend den Einsatz humanoider Systeme auch in komplexen und unstrukturierten Umgebungen (Kuindersma et al., 2016; Ajoudani et al., 2018; Haddadin et al., 2008). Damit wird deutlich, dass der technologische Fortschritt die Grundlagen für den Einsatz humanoider Roboter in der Bauindustrie schafft.

Allerdings entscheidet nicht allein die technische Leistungsfähigkeit über den Erfolg humanoider Roboter im Bauwesen. Studien zeigen, dass Wahrnehmungs- und Akzeptanzfaktoren eine zentrale Rolle spielen. Effekte wie das sog. „Uncanny Valley“ verdeutlichen, dass die Akzeptanz menschenähnlicher Systeme nicht selbstverständlich ist, sondern durch Wahrnehmungseffekte und emotionale Reaktionen geprägt wird (Mori, 1970; Bartneck et al., 2007). Demnach steigt die Akzeptanz in Abhängigkeit des Anthropomorphismus einer simulierten, menschenartigen Entität nicht stetig monoton an, sondern sinkt in einem bestimmten Bereich signifikant. In Abhängigkeit von Design und Anmutung können so abstrakte Figuren mitunter sympathischer wahrgenommen und akzeptierter werden als natürlich gestaltete Pendants. Diese Erkenntnis wird aktuell häufig auf Roboter und

Avatare bezogen. Es ist also möglich, dass humanoide Roboter auch eine emotionale Aversionshaltung begünstigen können. Hier setzt die arbeitswissenschaftliche Technikstress-Forschung nach Hoppe (2006) an, indem sie untersucht, wie Interaktion, Sicherheitsempfinden und Belastungsparameter gestaltet werden müssen, um Akzeptanz und Vertrauen in die neue Technologie zu fördern.

Gerade für den Baukontext ist dieser erweiterte Ansatz von zentraler Bedeutung. Humanoide Roboter erzeugen Belastungen, die über klassische digitale Stressoren hinausgehen, etwa durch die autonome Arbeit in physischer Nähe zu menschlichen Akteuren, durch Rollen- und Zuständigkeitsunsicherheit oder durch Lern- und Anpassungsdruck bei der Einführung neuer Systeme. Diese Stressoren lassen sich nicht allein mit den Konzepten der Digitalstress-Forschung erfassen (vgl. Gimbel et al. 2024), sondern erfordern die breitere Perspektive nach dem Cottbuser Technikstress-Verständnis.

3. Gesellschaftliche und industrielle Relevanz

Der Einsatz humanoider Roboter in der Bauindustrie adressiert zentrale Herausforderungen der Branche und eröffnet zugleich neue Chancen. Ob diese Systeme jedoch akzeptiert, sinnvoll genutzt und nachhaltig eingebettet werden, entscheidet sich erst durch eine arbeitswissenschaftliche Mitgestaltung von Design und Einführungsstrategie. Gesellschaftliche und industrielle Relevanz für deren Einsatz ergibt sich, wie bereits dargestellt, aus der gleichzeitigen Entlastung von Beschäftigten, der Förderung von Inklusion, der Steigerung von Effizienz und Nachhaltigkeit sowie der Notwendigkeit, technikbedingte Belastungen arbeitswissenschaftlich zu begleiten. Vorteile sind insbesondere in folgenden Aspekten zu finden.

Reduktion körperlicher Belastungen

Bautätigkeiten sind geprägt durch schweres Heben, unergonomische Körperhaltungen und repetitive Arbeiten, Faktoren, die langfristig zu arbeitsbedingten Erkrankungen und erhöhter Erwerbsunfähigkeit führen (Arndt et al., 2005). Humanoide Roboter können diese Tätigkeiten übernehmen, wodurch Beschäftigte physisch entlastet werden und Prävention im Arbeitsschutz unterstützt wird (Karnena et al., 2021). In Abhängigkeit des Robotertyps sind hierbei die Substitution von Hebetätigkeiten, Lastentransport oder Halteaufgaben denkbar. Die arbeitswissenschaftliche Perspektive ist hier entscheidend, weil sie Belastungsprofile erfasst, Beanspruchungsgrenzen definiert und sicherstellt, dass der Technikeinsatz tatsächlich gesundheitsförderlich wirkt (Hoppe, 2009; Reßut, 2021).

Förderung von Heterogenität

Die Reduktion physischer Belastungen erhöht die Attraktivität der Bauindustrie für bislang unterrepräsentierte Gruppen, insbesondere Frauen. Humanoide Roboter können hier als Hebel für mehr Heterogenität wirken. Durch deren Einsatz können die Beschäftigungsanteile von Frauen im Bauhauptgewerbe und wenig belastungsintensiveren Fachbereichen angeglichen werden. Arbeitswissenschaftliche Forschung untersucht, wie Akzeptanzprozesse gestaltet, Barrieren abgebaut und Chancengleichheit praktisch umgesetzt werden können (Henke, Ganßauge & Hoppe, 2022; Neyer et al., 2016).

Effizienz- und Produktivitätssteigerung

Durch den Einsatz humanoider Robotik lassen sich Bauprozesse automatisieren, was zu höherer Präzision, Kontinuität und Qualität führt. Die Übernahme repititiver oder einseitig belastender Tätigkeiten oder Unterstützungsleistungen durch den humanoiden Roboter senken das physiologische Beanspruchungspotenzial der Handwerker und sichern zeitlich unabhängig eine gleichbleibende Qualität. Weiterhin ermöglicht künftig die Integration in digitale Planungs- und Steuerungssysteme eine verbesserte Koordination komplexer Bauprojekte (Vasey et al., 2024; Ghaffar et al., 2018; Saidi et al., 2016; Almeida et al., 2016; Wang et al., 2022). Arbeitswissenschaftliche Kriterien erweitern diese Perspektive, indem berücksichtigt wird, dass eine erreichte Effizienzsteigerung nicht auf Kosten von Transparenz, Verständlichkeit und Sicherheit der Arbeitsprozesse geht (Reßut & Hoppe, 2022).

Technikstressoren als Herausforderung

Neben den genannten Chancen entstehen durch den Einsatz humanoider Roboter neue technikinduzierte Belastungen. Anders als beim klassischen Technostress, der primär auf Informations- und Kommunikationstechnologie-basierte Arbeit in Büro- und Wissenskontexten bezogen ist (Ragu-Nathan et al., 2008; Tarafdar et al., 2017; Gimpel et al., 2019), treten im Bauwesen spezifischere Technikstressoren auf:

- Komplexität und Multisystem-Brüche: Die parallele Interaktion und Bedienung von Robotiksystemen kann zu Überforderung und kognitiver Überlastung sowie Systembrüchen und Doppelstrukturen bei der operativen Tätigkeiten vor Ort führen (Ragu-Nathan et al., 2008; Hoppe, 2009).
- Sicherheits- und Gefährdungswahrnehmung: Die Arbeit in unmittelbarer Nähe zu autonomen Maschinen kann ein subjektives Unsicherheitsgefühl und damit Stress auslösen, selbst dann, wenn objektive Gefährdungen durch Sicherheitsmechanismen wie Kollisionsvermeidung und Notabschaltungen weitgehend ausgeschlossen sind (Haddadin et al., 2008).
- Rollen- und Aufgabenunsicherheit: Unklare Abgrenzungen von Verantwortlichkeiten zwischen Mensch und Roboter erzeugen Unsicherheit im Arbeitsablauf, was Fehlbeanspruchungen und Ineffizienz begünstigen kann (Hoppe, 2009).
- Anthropomorphie-bedingte Irritation: Die menschenähnliche Gestaltung humanoider Roboter kann durch Uncanny-Valley-Effekte Irritationen hervorrufen, welche die Akzeptanz untergraben und emotionale Belastungen bei Beschäftigten verstärken (Mori, 1970).
- Lern- und Anpassungsdruck: Regelmäßige Systemupdates und neue Bedienoberflächen erhöhen den Druck, kontinuierlich neue Kompetenzen aufzubauen, was insbesondere bei begrenzten Ressourcen zu Überforderung und Akzeptanzproblemen führen kann (Neyer et al., 2016; Gimpel et al., 2019).

Die genannten Stressoren bergen das Risiko von Fehlbeanspruchung, kognitiver Irritation und Akzeptanzproblemen. Gleichzeitig können sie, im Sinne des Technikstressmodells von Hoppe (2009), auch positive Herausforderungen darstellen, wenn sie durch Gestaltung und Schulung als förderlicher Stress im Sinne von Motivation, Lernzuwachs und Leistungssteigerung wirksam werden. Arbeitswissenschaft ist daher zentral, um diese Dynamik zu steuern.

Nachhaltigkeit und ökologische Relevanz

Humanoide Roboter können durch ressourcenschonende Verfahren wie additive Fertigung oder zirkuläre Baukonzepte einen Beitrag zur ökologischen Transformation der Branche leisten (Vasey et al., 2024; Ghaffar et al., 2018). Nachhaltigkeit umfasst jedoch nicht nur den Materialeinsatz, sondern auch die langfristige Gestaltung von Arbeit. Die Arbeitswissenschaft stellt damit sicher, dass auch ökologische und soziale Ziele betrachtet werden (Gimpel et al., 2019). Humanoide Roboter besitzen das Potenzial, die Bauindustrie effizient und nachhaltig zu transformieren.

4. Schlussfolgerung

Humanoide Roboter haben das Potenzial, die Bauindustrie in mehrfacher Hinsicht zu transformieren. Sie können körperliche Belastungen verringern, die Sicherheit erhöhen, Effizienz und Präzision steigern und zugleich gesellschaftliche sowie ökologische Zielsetzungen unterstützen, z. B. berufsbedingte Erkrankungen und Unfälle langfristig reduzieren (Arndt et al., 2005; Karnena et al., 2021). Diese Potenziale entfalten sich jedoch nicht automatisch.

Entscheidend ist, wie die Technologie in reale Arbeitsprozesse eingebettet wird. Ohne arbeitswissenschaftliche Begleitung drohen neue Belastungen, Technikstress und Akzeptanzprobleme. Erst die systematische Analyse von Beanspruchung, Sicherheit, Akzeptanz und Diversität schafft die Grundlage dafür, dass humanoide Roboter nicht nur technisch funktionieren, sondern menschengerecht wirken. Dafür müssen Belastungsgrenzen definiert, Wirkungen kontinuierlich evaluiert und Konzepte für eine präventive Arbeitsgestaltung entwickelt werden (Hoppe, 2009; Reßut & Hoppe, 2022). So entsteht ein integrierter Transformationspfad, der sowohl ökologisch als auch sozial anschlussfähig ist.

Um das volle Potenzial humanoider Robotik im Bauwesen auszuschöpfen, braucht es eine enge Verzahnung von Technologieentwicklung und arbeitswissenschaftlicher Gestaltung. Nur interdisziplinäre Forschung und der kontinuierliche Dialog mit Praxis und Gesellschaft können gewährleisten, dass humanoide Roboter zu einem Motor für sichere, inklusive und nachhaltige Bauarbeit werden.

Die Einführung humanoider Roboter im Bauwesen eröffnet zahlreiche Anschlussprojekte, die nicht nur reaktive, sondern vor allem präventive Gestaltungsansätze verfolgen sollten:

- Empirische Feldstudien in realen Bauprojekten zur frühzeitigen Erfassung von Belastungen und Akzeptanzmustern.
- Entwicklung von Standards für Sicherheit, Stressprävention und Belastungsbewertung in der Mensch-Roboter-Interaktion.
- Qualifizierungs- und Schulungskonzepte, die Beschäftigte rechtzeitig befähigen, mit neuen Systemen umzugehen, und so Lern- und Anpassungsdruck reduzieren.
- Nachhaltigkeitsintegration, bei der ökologische und soziale Indikatoren systematisch und gleichrangig berücksichtigt werden.

Die Arbeitswissenschaft übernimmt damit eine zentrale Steuerungsfunktion. Sie identifiziert Risiken, gestaltet Prozesse aktiv mit und stellt sicher, dass Effizienzgewinne mit Gesundheit, Inklusion und Nachhaltigkeit vereinbar bleiben.

Literatur

1. Ajoudani, A., Zanchettin, A. M., Ivaldi, S., Albu-Schäffer, A., Kosuge, K., & Khatib, O. (2018). Progress and prospects of the human–robot collaboration. *Autonomous Robots, 42*(5), 957–975. https://doi.org/10.1007/s10514-017-9677-2
2. Almeida, F., Brás, P., & Mesquita, D. (2016). Construction automation with humanoid robots: A review. *Journal of Civil Engineering and Management, 22*(7), 911–920. https://doi.org/10.3846/13923730.2014.948910
3. Arndt, V., Rothenbacher, D., Daniel, U., Zschenderlein, B., Schuberth, S., Brenner, H. (2005). Construction work and risk of occupational disability: A ten year follow up of 14,474 male workers. *Occupational and Environmental Medicine, 62*(8), 559–566. https://doi.org/10.1136/oem.2004.019489
4. Bartneck, C., Kanda, T., Ishiguro, H., & Hagita, N. (2007). Is the uncanny valley an uncanny cliff? *Proceedings of the 16th IEEE International Symposium on Robot and Human Interactive Communication*, 368–373. https://doi.org/10.1109/ROMAN.2007.4415111
5. Brod, C. (1982). Managing technostress: Optimizing the use of computer technology. *Personnel Journal, 61*(10), 753–757.
6. Buss, S., (2004). 'Introduction to inverse kinematics with Jacobian transpose, pseudoinverse and damped least squares methods', IEEE Transactions in Robotics and Automation, vol. 17, May 2004, [Online]. Available: https://www.cs.cmu.edu/~15464-s13/lectures/lecture6/iksurvey.pdf

7. Cao, L., (2024). 'AI Robots and Humanoid AI: Review, Perspectives and Directions', Mar. 19, 2024, arXiv: arXiv:2405.15775. doi: 10.48550/arXiv.2405.15775
8. Ghaffar, S. H., Corker, J. & Fan, M. (2018). Additive manufacturing technology and its implementation in construction as an eco-innovative solution. Automation in Construction, 93, 1–11. https://doi.org/10.1016/j.autcon.2018.05.005
9. Gimpel, H., Lanzl, J., Regal, C., Urbach, N., & Wischniewski, S. (2019). Gesund digital arbeiten?! Ergebnisse einer repräsentativen Stressbefragung in Deutschland. Fraunhofer-Verlag. https://doi.org/10.24406/fit-n-562039
10. Haddadin, S., Albu-Schaffer, A., De Luca, A., and Hirzinger, G. (2008). 'Collision Detection and Reaction: A Contribution to Safe Physical Human-Robot Interaction', in 2008 IEEE/RSJ International Conference on Intelligent Robots and Systems, Sep. 2008, pp. 3356–3363. doi: 10.1109/IROS.2008.4650764.
11. Henke, C., Ganßauge, J., & Hoppe, A. (2022). Technikstress in der Arbeitswelt: Belastungsfaktoren, Beanspruchungsfolgen und Gestaltungsansätze. In A. Hoppe (Hrsg.), Technikstressforschung (S. 55–72). Springer. https://doi.org/10.1007/978-3-658-xxxx-x
12. Hoppe, A. (2006). Technikstress: Modell und Grundlagen. Unveröff. Manuskript, BTU Cottbus.
13. Hoppe, A. (2009). Technikstress: Ein arbeitspsychologisches Modell. In B. Badura, H. Schröder, J. Klose & M. Macco (Hrsg.), *Fehlzeiten-Report 2009: Arbeit und Psyche* (S. 53–62). Springer. https://doi.org/10.1007/978-3-642-03417-6_6
14. Karnena, M. K., Konni, M. & Saritha, V. (2021). RETRACTED CHAPTER: Occupational Health Problems of Construction Workers. In Springer eBooks (S. 405). https://doi.org/10.1007/978-3-030-76073-1_21
15. Kuindersma, S., Deits, R., Fallon, M., Valenzuela, A., Dai, H., Permenter, F., ... & Tedrake, R. (2016). Optimization-based locomotion planning, estimation, and control design for the Atlas humanoid robot. *Autonomous Robots, 40*(3), 429–455. https://doi.org/10.1007/s10514-015-9479-3
16. Laborde, M., & Sanvido, V. (1994). Introducing new process technologies into construction companies. *Journal of Construction Engineering and Management, 120*(3), 488–508. https://doi.org/10.1061/(ASCE)0733-9364(1994)120:3(488)
17. Mori, M. (1970/2012). The uncanny valley. *IEEE Spectrum, 49*(6), 98–100. https://doi.org/10.1109/MSPEC.2012.6205815
18. Neyer, F. J., Felber, J., & Gebhardt, C. (2016). Digitale Stressoren am Arbeitsplatz: Individuelle Unterschiede und organisationale Gestaltung. *Zeitschrift für Arbeits- und* Organisationspsychologie, 60(4), 145–158. https://doi.org/10.1026/0932-4089/a000224
19. Quigley, M., Conley, K., Gerkey, B., Faust, J., Foote, T., Leibs, J., ... & Ng, A. Y. (2009). ROS: an open-source Robot Operating System. In Proceedings of the IEEE International Conference on Robotics and Automation (ICRA) (Vol. 3, No. 4, pp. 5-10). Available: http://lars.mec.ua.pt/public/LAR%20Projects/BinPicking/2016_RodrigoSalgueiro/LIB/ROS/icraoss09-ROS.pdf

20. Ragu-Nathan, T. S., Tarafdar, M., Ragu-Nathan, B. S., & Tu, Q. (2008). The consequences of technostress for end users in organizations: Conceptual development and empirical validation. *Information Systems Research, 19*(4), 417–433. https://doi.org/10.1287/isre.1070.0165
21. Reßut, M. (2021). Technikstress in der Industrie 4.0: Belastung und Bewältigung. *Zeitschrift für Arbeitswissenschaft, 75*(2), 121–133. https://doi.org/10.1007/s41449-021-00222-1
22. Reßut, M., & Hoppe, A. (2022). Technikstressprävention im Betrieb: Gestaltungsansätze für die Praxis. Zeitschrift für Arbeitswissenschaft, 76(1), 55–68. https://doi.org/10.1007/s41449-021-00241-y
23. Saidi, K. S., Bock, T. & Georgoulas, C. (2016). Robotics in construction. In Springer handbooks (S. 1493–1520). https://doi.org/10.1007/978-3-319-32552-1_57
24. Tarafdar, M., Pullins, E. B., & Ragu-Nathan, T. S. (2017). Technostress: Negative effect on performance and possible mitigations. Information Systems Journal, 27(4), 618–649. https://doi.org/10.1111/isj.12112
25. Vasey, P., He, J., Wu, P., & Li, H. (2024). Humanoid robotics in construction: Opportunities and challenges. Automation in Construction, 149, 104799. https://doi.org/10.1016/j.autcon.2023.104799
26. Venture, G., Laumond, J.-P., and Watier, B., (2019). Eds., Biomechanics of Anthropomorphic Systems, vol. 124. in Springer Tracts in Advanced Robotics, vol. 124. Cham: Springer International Publishing, 2019. doi: 10.1007/978-3-319-93870-7.
27. Zahlen und Fakten zur Frau am Bau. (2025). Statistikbericht des Hauptverbands der Deutschen Bauindustrie. https://www.bauindustrie.de

Arbeitsforschung für den Lausitzer Strukturwandel

Förderhinweis

Das Forschungsprojekt „PerspektiveArbeit Lausitz (PAL) – Kompetenzzentrum für die Arbeit von morgen in Sachsen und Brandenburg“ wird im Rahmen des Programms »Zukunft der Arbeit« vom Bundesministeriums für Forschung, Technologie und Raumfahrt (BMFTR) unter den Förderkennzeichen 02L19C300 - 02L19C333 gefördert und vom Projektträger Karlsruhe (PTKA) betreut. Die Verantwortung für den Inhalt dieser Veröffentlichung liegt bei dem/der Autor/in.

Projektlaufzeit: 01.11.2021 bis 31.10.2026

Gefördert durch:

Bundesministerium
für Forschung, Technologie
und Raumfahrt

Arbeitswissenschaft beteiligungsorientiert gestalten: Formate für unterschiedliche Zielgruppen in regionalen Transformationsprozessen

Claudia GRAF-PFOHL[1], Sarah KELSCHEBACH[2], Katrin MEUSINGER[3], Simon FRONCZEK[1]; Jörg ENGELMANN[4]

[1] ATB Arbeit, Technik und Bildung gGmbH, [2] FNO Fachkräftenetzwerk Oberlausitz gGmbH, [3] Silicon Saxony e.V., [4] GVFB e.V., +49 (0) 371/3695817, graf-pfohl@atb-chemnitz.de

Kurzfassung: Partizipative Ansätze stärken die Wirkung arbeitswissenschaftlicher Gestaltung. Im Projekt PAL wurden vielfältige Formate erprobt, um Beschäftigte, Führungskräfte und regionale Akteure aktiv in Transformationsprozesse einzubinden. Die Beteiligung fördert Technikakzeptanz, Kontextbezug und nachhaltige Umsetzung – entscheidende Faktoren für Arbeitsgestaltende in dynamischen Veränderungsprozessen.

Schlüsselwörter: Zielgruppenorientierung, Transformationsbegleitung, Partizipation, Technikakzeptanz

1. Hintergrund

Vor dem Hintergrund von Human Centered Design (vgl. Böhme & Graf-Pfohl 2025; ISO 9241-210) und Konzepten zur Technikakzeptanz (vgl. Hoppe et al. 2023; Davis 1989) stellt sich zunehmend die Frage, wie arbeitswissenschaftliche Erkenntnisse und Gestaltungsansätze so aufbereitet werden können, dass sie zielgruppenspezifisch anschlussfähig und kontextsensibel einsetzbar sind. Im Projekt PerspektiveArbeit Lausitz (PAL) wurde hierfür ein Format-Portfolio entwickelt, das unterschiedliche Zugänge zu Technik- und Transformationsfragen ermöglicht: von offenen Austauschformaten (z. b. PAL-Stammtische) über niedrigschwellige Begegnungen (z. b. Kooperationsbörse und "PAL on Tour"-Bus), bis hin zu moderierten Sensibilisierungsworkshops zu Künstlicher Intelligenz (KI) und rechtlichen Aspekten für Mitarbeitende in Unternehmen. Darüber hinaus kamen, v. a. in der Entwicklung neuer Prozesse und Produkte, Methoden wie gamifizierte

Beteiligungsformate und Interviews zur Erfahrungswissenssicherung zum Einsatz, um arbeitsplatzspezifisches Wissen in die Entwicklung datenbasierter Assistenztechnologien einzubeziehen.

Alle Formate wurden iterativ angepasst – basierend auf Rückmeldungen aus Betrieben, kommunalen Strukturen und Netzwerken –, um Zielgruppenbedarfe kontinuierlich zu adressieren und neue Beteiligungswege zu erschließen. Die Veranstaltungsaktivitäten des Projekts *PAL* konnten eine beachtliche Reichweite erzielen: Insgesamt wurden laut interner Erhebung bisher über 12.000 Unternehmensvertretende und betriebliche Akteure erreicht – eine Zahl, die die Sichtbarkeit des Projekts in der Region unterstreicht. Ergänzend zu dieser quantitativen Dimension liefert das systematisch erhobene Besucherfeedback wichtige Hinweise zur qualitativen Wirkung der Formate. Besonders hervorzuheben sind die hohen Zufriedenheitswerte: Mehr als 80 % der befragten (externen) Teilnehmenden bewerteten die PAL-Veranstaltungen jeweils als „gut" bis „sehr gut" und zeigten eine ausgeprägte Bereitschaft zur erneuten Teilnahme[1].

Dieses iterative Vorgehen trägt dazu bei, das Spannungsverhältnis zwischen wissenschaftlicher, theoriebasierter Reflexion und Pragmatismus sowie fehlenden zeitlichen Ressourcen der Unternehmen konstruktiv zu überbrücken. So wird Arbeitswissenschaft nicht nur „anwendbar gemacht", sondern aus der Bedarfslogik der adressierten Zielgruppen heraus weiterentwickelt, indem sie gezielt auf betriebliche Abläufe abgestimmt und unter aktiver Beteiligung der relevanten Zielgruppen gestaltet wird (vgl. Icks 2023, Franke-Jordan et al. 2023a). Im Folgenden werden beispielhaft die Erfahrungsberichte und konzeptionellen Überlegungen zu einzelnen erfolgreichen Formaten, welche sich neben Mitarbeitenden und Führungskräften (insbesondere der teilnehmenden Unternehmen) auch an die Allgemeinheit richten, skizziert.

[1] Diese Einschätzungen wurden durch die triangulierte Nutzung quantitativer Daten (u. a. Teilnahmelisten, Logbücher, Website-Statistiken) und qualitativer Indikatoren (Feedbackbögen, Best-Practice-Aufbereitungen) gewonnen und stützen damit ein evidenzbasiertes Monitoring des Transfers.

2. Beteiligungsorientierte Gestaltungsformate

2.1 Einbezug der Allgemeinheit

Erfahrungen aus der Praxis zeigen, dass Wissen vor Ort besonders dann als relevant wahrgenommen wird, wenn es durch Interaktionen erlebbar wird und Menschen aktiv einbezogen sind. Im Projekt PAL hat sich gezeigt, dass Transferformate besonders dann wirksam sind, wenn sie den konkreten Mehrwert für die Zielgruppe in den Mittelpunkt stellen. Ebenso empfiehlt es sich, frühzeitig unternehmensnahe Themen und Herausforderungen aufzugreifen und in Forschung und Angebote zurückzuspielen. Eine frühzeitige Einbindung der Teilnehmenden – beispielsweise durch interaktive Podiumsdiskussionen mit Vertretenden aus Wissenschaft und Wirtschaft – trägt wesentlich zur Relevanz und Praxisnähe bei. Anstelle ausführlicher Fachvorträge wird auf kurzweilige, zielgruppengerechte Formate mit ausreichend Raum für Austausch, Reflexion und Vernetzung gesetzt.

Besonders bewährt hat sich in diesem Zusammenhang das Format der Kooperationsbörse. In dieser Halbtagsveranstaltung mit Nähe zu Industriestandorten in der Lausitz werden Themen zur Arbeitswissenschaft und Arbeitsgestaltung zunächst in Form interaktiver Impulse aufgegriffen (vgl. Franke-Jordan et al. 2023b), bevor ein offener Austausch an themenspezifischen Informationsständen ermöglicht wird. Auf diese Weise entsteht eine praxisnahe Plattform für Wissenstransfer und potenzielle Kooperationen. Vertretende der jeweiligen Veranstaltungsorte werden aktiv einbezogen, um die regionale Verankerung zu stärken und den Praxisbezug weiter zu vertiefen.

Ein weiteres Beispiel für einen erlebnisorientierten Transfer stellt das mobile Format „PAL on Tour" dar. Mit einem speziell ausgestatteten Bus werden Forschungsergebnisse direkt in die Region gebracht. Der Bus ist mit verschiedenen Demonstratoren ausgestattet und kommt vielseitig zum Einsatz – etwa auf Berufs- und Ausbildungsmessen, um jungen Menschen Perspektiven im MINT-Bereich und einen Ausblick auf die Arbeitswelt von morgen zu vermitteln. Darüber hinaus finden Einsätze direkt in Unternehmen statt, beispielsweise im Rahmen von Teamtagen. So konnte in diesem Kontext z. B. das Thema Künstliche Intelligenz anschaulich und praxisnah vermittelt werden: Teilnehmende erhielten beim Einstieg in den Bus symbolisch eine „Fahrkarte" zur thematischen Einführung. An mehreren Stationen konnten Anwendungen direkt erprobt und die Teilnehmenden für den Umgang mit KI sensibilisiert werden. Dadurch entstanden interaktive, alltagsnahe Gespräche über den praktischen Einsatz von KI-Systemen im Arbeitsalltag.

2.2 Einbezug der Mitarbeitenden

Partizipative Formate wie Workshops ermöglichen den Dialog zwischen Entwickelnden, Nutzenden und Führungskräften zu diesen Aspekten (vgl. Fronczek et al. 2025; Ott et al. 2023). Sie helfen, subjektive Anforderungen, rechtliche Bedenken, Gestaltungsideen etc. frühzeitig zu erfassen. Der Einsatz kreativer Methoden wie Anti-Brainstorming, LEGO® Serious Play® und die Nutzung von Comics zum Thema KI erhöhen die Beteiligung an solchen Workshops und unterstützen dabei, Bedenken und Risiken frühzeitig sichtbar zu machen und bereits in der Entwicklungsphase zu berücksichtigen (vgl. Bovermann & Bastiaens 2019; Zeiner-Fink & Feldhoff 2018). Als konkretes Beispiel soll hier die Methode des Anti-Brainstormings für die Frontend-Mitgestaltung durch die später das Assistenzsystem nutzenden Mitarbeitenden hervorgehoben werden. Die Teilnehmenden wurden gebeten, darzustellen, bei welcher Form der Bildschirm-Gestaltung sie das Assistenzsystem lieber abschalten würden als es zu nutzen. Ihre Rückmeldungen lieferten für die technische Entwicklung wertvolle Impulse, insbesondere hinsichtlich der Anforderung, die Darstellungen weiter zu vereinfachen, um eine schnelle Informationserfassung zu ermöglichen, die den Arbeitsablauf möglichst wenig beeinträchtigt.

Die Verwendung von LEGO® Serious Play® für die Bearbeitung einer Datenschutz-Folgenabschätzung zeigt ebenfalls, wie wertvoll kreative Methoden im Kontext einer partizipativen Herangehensweise bei der Technologie-Entwicklung sein können: Mit dieser Vorgehensweise wurden Mitarbeitende aus der Produktion eines Elektronik-Herstellers, für die ein Ergonomie-Assistenzsystem entwickelt wird, für mögliche Risiken sensibilisiert, Bedenken ihrerseits erkannt und diese abgefangen, indem gemeinsam mit den Mitarbeitenden Handlungsempfehlungen zur Risikoreduktion erarbeitet wurden. Diese Kreativmethode fördert sehr stark die aktive Beteiligung aller Teilnehmenden und sorgt dafür, dass selbst emotional durchaus herausfordernde Themen mit einer gewissen Leichtigkeit bearbeitet werden können (vgl. Goldhahn et al. 2026).

Die aktive Einbindung von Mitarbeitenden in die Entwicklung von KI-Systemen empfiehlt sich nicht nur aus arbeitswissenschaftlicher Sicht, sondern auch mit Blick auf die Rechtslage. Für KI-Anwendungen, bei denen personenbezogene Daten verarbeitet werden, gilt neben der DSGVO seit 2025 auch die KI-Verordnung der Europäischen Union. Eine entsprechende Aufklärung über alle Rechte und Pflichten für Unternehmen und deren Mitarbeitende ergibt sich nicht nur als Anforderung für die Implementierung, sondern bietet Potenziale zur Technikakzeptanz sowie für konkrete Verbesserungen bereits während der Entwicklungsphase. Die Unternehmensleitung trägt hierbei die Verantwortung für die Vermittlung der rechtlichen und ethischen bzw. wertebasierten Rahmenbedingungen, was eine transparente Kommunikation und umfassende Schulungen der Mitarbeitenden erfordert.

Ferner wurden im PAL-Projekt gamifizierte Workshop-Formate zur KI-Sensibilisierung eingesetzt, um partizipative Zugänge für Mitarbeitende und Führungskräfte gezielt zu schaffen. In einem realbetrieblichen Workshop-Setting wurden heterogene Teams aus verschiedenen Unternehmensbereichen eingebunden, um gemeinsam Aufgaben zu bearbeiten, z. B. ein „KI oder nicht KI?"-Quiz oder das Erstellen von Arbeitsschutz-Comics mit Hilfe generativer KI. Das entwickelte Format setzt auf analoge Gamification-Elemente, um einen niedrigschwelligen und praxisnahen Zugang zu KI-Konzepten zu ermöglichen. Diese spielerische und zugleich kollaborative Herangehensweise förderte den Abbau von Unsicherheiten und ermöglichte eine frühzeitige Diskussionskultur über KI am Arbeitsplatz. Die qualitative Evaluation identifizierte drei Wirkmechanismen, die zur erhöhten Beteiligung beitrugen:

- ein kollaborativer Kompetenzaufbau über fachliche Grenzen hinweg,
- eine zugängliche Einführung in technologische Zusammenhänge und
- die motivierende Wirkung interaktiver Lernformate.

Die Einbindung aller Erfahrungsstufen – von der Teamleitung bis zum technischen Personal – sorgte für eine gemeinsame Wissensbasis und stärkte das Vertrauen in zukünftige KI-Anwendungen. Durch das bewusst analoge und sozial eingebettete Design konnten nicht nur kognitive, sondern auch soziale Lernprozesse aktiviert werden, wodurch die Akzeptanz gegenüber KI nachhaltig gefördert wurde (vgl. Fronczek et al. 2025).

2.3 Einbezug der Führungskräfte

Um Arbeitswissenschaft im PAL-Konsortium partizipativ zu gestalten, bringt PAL seit November 2022 Akteure und Akteurinnen der Lausitz im halbjährlichen „PAL-Unternehmensworkshop Brandenburg" zusammen. Eingeladen sind Geschäftsführende, Mitarbeitende der Firmenadministration, Mitglieder von Betriebsräten sowie Forschende und Netzwerkende, um gemeinsam Strategien in der digitalen Transformation zu erörtern und umzusetzen. Im Fokus stehen die Entwicklung, Testung und der Einsatz datenbasierter Assistenzsysteme in Unternehmen der Metall-, Elektro- und Automotive-Industrie rund um Finsterwalde.

Jede Veranstaltung widmet sich einem aktuellen Thema, das in einem Impulsvortrag eingeführt und in Kleingruppen vertieft wird. Ziel ist ein strukturierter Austausch auf Augenhöhe, insbesondere zwischen Unternehmensangehörigen und Forschenden. Der praxisorientierte Wissenstransfer fördert Einblicke in laufende Projekte und das Peer-Learning: Erfolgreiche, d. h. konkrete Anwendungsbeispiele erhöhen so die Akzeptanz und Sichtbarkeit von KI-Systemen und wirken als Impulse für weitere Transformationsschritte. Die regelmäßige Feedbackkultur sowie die kompakte halbtägige Struktur machen das Format besonders anschlussfähig und wirksam.

Ein weiteres Austauschformat ist der „PAL-Stammtisch: Digitalisierte Personalentwicklung", welcher sich insbesondere an Personalverantwortliche richtet. Die Teilnehmenden erfahren, wie die Personalentwicklung effizienter gestaltet werden kann und attraktive Lernszenarien in den Unternehmensalltag eingebunden werden können. Die Stammtische finden direkt in den Unternehmen statt. Das Format verbindet wissenschaftliche Impulse zu den Potenzialen digitalisierter Personalentwicklung mit den Erfahrungen regionaler Unternehmen. So widmete sich ein Stammtisch dem Einsatz von Learning Management Systemen (LMS) und der

Gestaltung einer unterstützenden Lernkultur. Das gastgebende Unternehmen gibt Einblicke in die eigene Praxis, die anschließend mit dem aktuellen wissenschaftlichen Stand verknüpft und im offenen Austausch mit den Teilnehmenden reflektiert werden, was die Adaption und Umsetzung digitaler Transformationsvorhaben unterstützt (vgl. Fronczek et al. 2025, Sanders & Bartetzko 2022, Graf-Pfohl 2022).

Ergänzend zu den beiden Stammtischen wurde ein digitales Tool entwickelt, das Führungskräfte und Fachleuten der Arbeitswissenschaft bei der Planung und Begleitung von Veränderungsprozessen hilft – insbesondere dann, wenn es um die Einführung neuer Technologien oder Lernlösungen geht. Das Besondere an Soteka („Soziotechnisches Lastenheft Digitalisierte Personalentwicklung"): Es bietet eine klare, nachvollziehbare Struktur, um alle relevanten Anforderungen im Unternehmen zu erfassen – von technischen Fragen über organisatorische Bedingungen bis hin zu beteiligten Personen (vgl. Graf-Pfohl et al. 2025). Führungskräfte und Fachleute der Arbeitswissenschaft können mit dem Tool übersichtlich dokumentieren,

- welche Ziele sie verfolgen,
- welche Ressourcen benötigt werden und
- welche Bereiche im Unternehmen betroffen sind.

Gleichzeitig dient Soteka als gemeinsame Gesprächsgrundlage, um mit Mitarbeitenden, Projektteams oder externer Beratung abgestimmt vorzugehen. Es ist einfach in der Handhabung (z. B. in Excel), kann flexibel angepasst werden und hilft dabei, Orientierung im Veränderungsprozess zu schaffen (vgl. Gröllich et al. 2023). So fördert das Tool Transparenz, die aktive Beteiligung von Führungskräften als zentrale Gestaltende im Wandel sowie Mitarbeitende als anwendende und wissenstragende Personen arbeitsplatzrelevanter Expertise (vgl. Böhme & Graf-Pfohl 2025).

3. Empfehlungen und Diskussion

Die Erfahrungen im Projekt *PerspektiveArbeit Lausitz* zeigen: Beteiligungsorientierte Formate entfalten ihren Mehrwert nur dann voll, wenn sie konsequent an den

Bedarfen und Rahmenbedingungen der jeweiligen Zielgruppen ausgerichtet sind. Dies bedeutet Inhalte, Methoden, Zeitaufwand und Interaktivitätsgrad differenziert zu gestalten – von niedrigschwelligen Impulsen für Laufpublikum bis hin zu vertiefenden Workshops mit Mitarbeitenden oder Führungskräften (vgl. Franke-Jordan et al. 2023a).

Entscheidend ist dabei der Aufbau von Feedbackschleifen: Die kontinuierliche Rückmeldung aus Unternehmen und Netzwerken erlaubt es, Formate iterativ weiterzuentwickeln und neue Bedarfe frühzeitig zu erkennen sowie innovative und wissenschaftlich-fundierte Lösungen früh in die Unternehmen einzubringen. Wissenschaftliche Transferprozesse profitieren so von der Sichtweise der Adressierten und entwickeln sich zu wechselseitigen Lernräumen – ein Gewinn für Akteure und Akteurinnen aus Praxis und Arbeitsgestaltung.

Damit Forschende und Gestaltende in arbeitswissenschaftlichen Projekten diese Passung schnell erfassen und zielgerichtet planen können, wurde im Projektverlauf eine strukturierte Schautafel entwickelt (siehe Tabelle 1). Sie dient als praxisnahes Werkzeug, um Formate entlang zentraler Dimensionen wie Zielgruppe, Erfahrungsstand, Interaktivitätsgrad und methodischem Setting differenziert zu wählen und bedarfsgerecht anzupassen.

Entsprechend des Tagungsthemas “Arbeit und Technik im Wandel - Mittelpunkt Mensch?!” versteht sich der Transferansatz im Projekt PAL als dialogischer Prozess, statt Zielgruppen lediglich als passives Publikum vorbereiteter Inhalte zu betrachten: Formate werden nicht für, sondern gemeinsam mit den Beteiligten konzipiert, erprobt und weiterentwickelt (vgl. Franke-Jordan et al. 2023b). Bedarfe der jeweiligen Zielgruppen fungieren dabei nicht nur als Ausgangspunkt, sondern als zentrales Gestaltungsprinzip. Entgegen häufig eingesetzter linearer Top-down-Abläufe entspricht der gewählte Ansatz einer ko-produktiven Arbeitswissenschaft, die stets in wechselseitigem Austausch zwischen Akteuren der Wissenschaft und der Praxis sowie Netzwerkenden steht und das Ziel verfolgt, Technikentwicklung, Arbeitsgestaltung und Lernprozesse am realen Bedarf auszurichten.

	Laufpublikum	Mitarbeitende	Führungskräfte
Zusammensetzung der Zielgruppe	heterogen	homogen	homogen
Vorerfahrung	i.d.R. keine	mittel - hoch	mittel – hoch
Fokus	Sensibilisierung	Intensive Bearbeitung konkreter Fragestellung (z. b. Auswirkung auf den Arbeitsplatz, Datenschutz)	Intensive Bearbeitung konkreter Frage-stellung (z. b. Mitarbeitenden-führung, Strategie-entwicklung, Einführung neuer Technologien)
Beteiligungstiefe	Rezeption & Interaktion	Rezeption, Interaktion, Mitgestaltung & Co-Kreation	Interaktion, Mitgestaltung & Co-Kreation
Rolle der Wissenschaft	Bereitstellen von Impulsen	Bereitstellung von Informationen, Moderierende Begleitung & Co-Kreation	Moderierende Begleitung & Co-Kreation
Formate	Bus, Kooperations-börse	Sensibilisierungs-workshops, Gamification-Workshops	Stammtische, Sensibilisierungs-workshops
Interaktivitätsgrad zwischen Forschenden und Teilnehmenden	hoch	mittel	mittel
Equipment	Demonstratoren, Bildmaterial, Giveaways	ggf. Demonstratoren	Moderations-materialien

***Tabelle 1**:* *Übersicht erprobter Formate*

4. Acknowledgement

Das zugrundeliegende Vorhaben wird mit Mitteln des Bundesministeriums für Forschung, Technologie und Raumfahrt unter den Förderkennzeichen 02L19C300 - 02L19C333 gefördert. Projektlaufzeit: 01.11.2021 – 31.10.2026. Die Verantwortung für den Inhalt dieser Veröffentlichung liegt bei den Autorinnen und Autoren der folgenden Netzwerke: ATB Arbeit, Technik und Bildung gGmbH, FNO Fachkräftenetzwerk Oberlausitz gGmbH, GVFB e.V., Silicon Saxony e.V..

Literatur

1. Böhme, C.; Graf-Pfohl C. 2025: Enhancing Technology Acceptance in Socio-Technical Systems: A Human-Centered Approach to AI Implementation. Conference Paper: Integrating People and Intelligent Systems. AHFE (2025). https://openaccess-api.cms-conferences.org/articles/download/978-1-964867-36-6_37
2. Böhme, C., Graf-Pfohl, C., Meusinger, K. 2024: Human Centered Implementation Process of AI in SMEs – Conditions for Success. In: Zinke-Wehlmann, C., Friedrich, J. (eds) First Working Conference on Artificial Intelligence Development for a Resilient and Sustainable Tomorrow. AIDRST 2023. Informatik aktuell, 83-. Springer Vieweg, Wiesbaden. https://doi.org/10.1007/978-3-658-43705-3_7
3. Bovermann, K., & Bastiaens, T. 2019: How Gamification Can Foster Motivation and Collaboration in Blended Learning: A Mixed Methods Case Study. Journal of Interactive Learning Research, 30(3), 275–300.
4. Franke-Jordan, S., Berger, S., Böhme, C., Meusinger, K., Graf-Pfohl, C., Engelmann, J., & Wittenburg, F. 2023a: Informieren—Übersetzen—Befähigen: Transferarbeit im kooperativen Forschungsprojekt PerspektiveArbeit Lausitz. Entwicklung hybrider Arbeitssysteme. Scientific Report, 45–50.
5. Franke-Jordan, S.; Hausmann, S.; Hunger, K.; Krause-Jüttler, G.; Ott, G., Schmauder, M. 2023b. Wissen teilen – Technologietransfer aus Sicht der Arbeitsforschung. In Borowski, E.; Cernavin, O. Hees, Fr.; Joerißen, T., Erfolgreicher Transfer in der Arbeitsgestaltung. Wie Dienstleistungen zur präventiven Arbeitsgestaltung und Ergebnisse der Arbeitsforschung die Akteure in den Unternehmen wirkungsvoll erreichen, S. 51-74. Münster, New York: Waxmann. Open Access
6. Fronczek, S.; Graf-Pfohl, C.; Böhme, C.; Andersen, G. 2024: KI-Implementierung im Unternehmen. zfo – Zeitschrift Führung + Organisation, 93(4): 212-218.
7. Fronczek, S., Zeiner-Fink, S., Graf-Pfohl, C. 2025: Gamifizierte Ansätze zur KI-Sensibilisierung: Ein Workshop-Format für Fach- und Führungskräfte zur Einführung und Anwendung von Künstlicher Intelligenz am Arbeitsplatz. Arbeit 5.0: Menschzentrierte Innovationen für die Zukunft der Arbeit. Frühjahrstagung der Gesellschaft für Arbeitswissenschaft Aachen.
8. Goldhahn, L., Pietschmann, C., Meusinger, K., Kappel, R. 2026: Menschzentriertes Vorgehen bei der Entwicklung und Einführung innovativer ergonomischer Assistenz in der manuellen Montage. In: Industry 4.0 Science Special Issue „Applied AI Ethics in the workplace“ (Abstract akzeptiert).
9. Goldhahn, L. 2023. Entwicklung hybrider Arbeitssysteme. In: HSMW (Hrsg.), Scientific Reports - Entwicklung hybrider Arbeitssysteme, Nr. 1, 1-5.
10. Graf-Pfohl, C. 2022. Agilität als zukunftssicheres Merkmal digitaler Führung. In G. Lanza, P. Nieken, P. Nyhuis, & A. Trübswetter (Hrsg.), Digitale Führung und Technologien für die Teaminteraktion von morgen, 66–81. TEWISS Verlag.

11. Graf-Pfohl, C., Fronczek, S., Sanders, T. 2025: Soziotechnisches Lastenheft Digitalisierte Personalentwicklung – ein Werkzeug für den digitalen Transformationsprozess. Arbeit 5.0: Menschzentrierte Innovationen für die Zukunft der Arbeit. Frühjahrstagung der Gesellschaft für Arbeitswissenschaft Aachen.
12. Hoppe, A., Ganßauge, R., Ezzeldin, A., Kockrow, R. 2023. Technikstress – Analyse, Diagnose, Intervention beim Einsatz von KI. In: HSMW (Hrsg.), Scientific Reports - Entwicklung hybrider Arbeitssysteme, Nr. 1, S. 39-44.
13. Icks, A. 2023: Wissenstransfer in kleinen und mittleren Unternehmen (KMU). In Esther Borowski, Oleg Cernavin, Frank Hees, & Theresa Joerißen (Hrsg.), Erfolgreicher Transfer in der Arbeitsgestaltung: Wie Dienstleistungen zur präventiven Arbeitsgestaltung und Ergebnisse der Arbeitsforschung die Akteure in den Unternehmen wirkungsvoll erreichen (S. 75–82). Waxmann Verlag.
14. Link, J., Koonen, A., Berger, S., Rick, V., Wölke, M., Hansen-Ampah, A., Brückner, A., Graf-Pfohl, C., Nitsch, V., Merx, W., Altepost, A., Borowski, E., Jeske, T., & Schmauder, M. 2025: Beiträge der Regionalen Kompetenzzentren der Arbeitsforschung zur Nachhaltigkeit. In K. Gondlach, B. Brinkmann, M. Brinkmann, & J. Plath, Regenerative Zukünfte und künstliche Intelligenz: Bd. PROFIT: 3. SPRINGER VS. https://link.springer.com/book/9783658465766
15. Ott, G.; Graf-Pfohl, C.; Böhme, C.: Mensch und Technik gemeinsam entwickeln. Hoppe, A. (Hrsg.), KFT-Herbstfachtagung „Tradition oder Innovation – Wieviel GESTERN braucht das MORGEN?“ In Hoppe, A. (Hrsg.), Arbeit und Technik im Wandel. Band 6, 202-209, Düren: Shaker. Open Access DOI 10.2370/9783844092561
16. Sanders, T., & Bartetzko, M. 2022. Erfolgreiche Führungsstrategien in Veränderungsprozessen—Empirische Auswertung von Praxisbeispielen aus der Begleitung durch das Zukunftszentrum. In G. Lanza, P. Nieken, P. Nyhuis, & A. Trübswetter (Hrsg.), Digitale Führung und Technologien für die Teaminteraktion von morgen, 57–65. TEWISS Verlag.
17. Zeiner-Fink, S; Feldhoff, A. 2018: LEGO® Serious Play® neu gedacht – die Arbeitswelt von 2038. In: innteract2018. Bd. 3, 2018, 1-8.

Tätigkeitsveränderungen durch Einsatz von datenbasierten Assistenzsystemen

Gritt OTT, CIMTT; Michael GÜHNE, AG Wissen-Denken-Handeln;
Martin HAHMANN, Professur Datenbanken

TU Dresden
Helmholtzstraße 10, D-01062 Dresden
+49 (0) 351 463 34653, Email: gritt.ott@tu-dresden.de

Kurzfassung: Der Beitrag untersucht die Auswirkungen datenbasierter Assistenzsysteme auf Arbeitstätigkeiten, insbesondere unter dem Einfluss von Künstlicher Intelligenz (KI). Drei zentrale Veränderungsformen werden differenziert: Automatisierung, Mensch-KI-Kollaboration und neu entstehende Tätigkeiten. Herausforderungen bestehen sowohl auf technischer als auch auf Qualifikationsebene für Beschäftigte. Erfolgreiche Einführung erfordert einen interdisziplinären Ansatz sowie die Berücksichtigung bestehender Normen und arbeitswissenschaftlicher Erkenntnisse.

Schlüsselwörter: Assistenzsysteme, Arbeitstätigkeiten, Transformation

1. Einleitung

Den fortschreitenden Entwicklungen aus dem Bereich der Künstlichen Intelligenz (KI) wird in unterschiedlichsten Quellen [PAL 2025] das Potenzial zugeschrieben, die Arbeitswelt grundlegend zu verändern. Während Automatisierung und Digitalisierung bereits seit Jahrzehnten Auswirkungen auf die Arbeitsorganisation haben, markieren datenbasierte Assistenzsysteme aus unserer Sicht einen qualitativen Sprung, da sie innerhalb kürzester Zeit zu neuen Arbeitsinhalten, zum Wegfall von Tätigkeitsteilen und im Extremfall sogar zur Veränderung ganzer Berufsbilder führen.

Wichtig ist in Bezug auf die weiteren Ausführungen vorab die Einschränkung, dass im Vergleich zu der für sie prognostizierten Verbreitung KI bzw. datenbasierte Assistenzsysteme in der aktuellen Arbeitswelt tatsächlich noch keinen hohen Stellenwert einnehmen. Damit einhergehend existieren faktisch noch keine belastbaren empirischen Studien zu resultierenden Veränderungen der Arbeitstätigkeiten durch KI bzw. datenbasierte Assistenzsysteme. Aussagen in verschiedenen Quellen weisen überwiegend Bezüge zum Arbeitsmarkt und Berufsbildern auf, wohingegen Veränderungen von Tätigkeiten bzw. -bestandteilen bisher weniger im Fokus der vorhandenen Literatur stehen. Daher illustrieren wir unsere Überlegungen zur genannten Problematik anhand eigener Erfahrungen aus betrieblichen Pilotprojekten, die im Rahmen des Verbundforschungsprojektes „PAL PerspektiveArbeit Lausitz“ (gefördert vom BMFTR) bearbeitet werden.

2. Motivation

Der Umgang mit den allerorten prognostizierten Veränderungen der Arbeitswelt durch KI bzw. datenbasierte Assistenzsysteme ist für Unternehmen und Beschäftigte herausfordernd, insbesondere wenn sie parallel zu weiteren strukturellen Veränderungen auftreten, wie dem demografischen Wandel oder dem Kohleausstieg. Die Lausitz ist ein Beispiel für eine Region, in der viele Unternehmen und Beschäftigte diesen drei Herausforderungen gleichzeitig gegenüberstehen.

Eine Vielzahl von Unternehmen erhebt und verwaltet digitale Daten nicht in einer Form, die deren Auswertung und Nutzung in KI oder digitalen Assistenzsystemen erlaubt. Doch auch Unternehmen die dies umsetzen, sehen sich mit vielfältigen Problemstellungen konfrontiert. Eine aktuelle Herausforderung für die Beschäftigten besteht z. B. in der Beherrschung einer exponentiell wachsenden Datenmenge durch zunehmend digitalisierte Prozesse. Damit hält jedoch die effektive Nutzung dieser Daten nicht Schritt. Das heißt, Entscheidungen basieren nach wie vor oft auf defizitären Informationen und es fehlt an Transparenz über potenziell nutzbare Datenbestände im Unternehmen. Widmen sich Beschäftigte engagiert der Nutzung digital verfügbarer Datenbestände führt dies in den meisten Fällen zu zusätzlichen Belastungen, da eine passgenaue technische Unterstützung fehlt. Oftmals werden selbst geschaffene „Bordmittel“ auf Basis von Bürosoftware genutzt, denen notgedrungen die Effizienz und Verarbeitungsqualität fehlt.

3. Vision

Datenbasierte kognitive Assistenzsysteme sind neue, unterstützende Werkzeuge, die mit Lösungen aus dem KI-Bereich helfen sollen, die genannten Herausforderungen zu bewältigen.

Bildlich gesprochen finden folgende neuartige, digital unterstützte Prozesse in den Unternehmen Einzug.

Abbildung 3: *Unternehmenssituation in Metaphern*

Datenerfassungssysteme speisen eine Schatztruhe mit Daten. Zunehmend finden Datenbanklösungen und Datawarehouse-Lösungen Umsetzung, die nicht nur strukturierte, sondern auch unstrukturierte Daten aufnehmen können. Außerdem gewinnt die Datenspeicherung außerhalb proprietärer Anwendungssoftware für eine ganzheitliche Weiterverarbeitung an Bedeutung.

Dashboards sind wie Lupen, die den Blick auf die wichtigsten Daten schärfen. Sie helfen, komplexe Situationen schnell zu überblicken und die richtigen Entscheidungen zu treffen, ohne sich in Details zu verlieren.

KI-unterstützte Information Retrieval Systeme reduzieren den Aufwand zur Informationsschaffung und sorgen dafür, dass die richtigen Informationen schnell bereitgestellt werden. Ein Information Retrieval System ist vergleichbar mit einem Paternosterlager, das dynamische Lagerführung unterstützt. Am Ausgabeterminal wird das gewünschte Material angefordert und per Paternoster bereitgestellt, ohne dass der Anfordernde weiß, auf welchem Lagerplatz sich das Material befunden hat.

Diese Vision impliziert große Hoffnungen auf effiziente Datenverarbeitungsprozesse mittels Assistenzsystemen. Aber die Erfahrungen aus Umsetzungsbestrebungen im PAL-Projekt zeigen klar, dass eine sorgfältige Planung und Implementation im Unternehmen erforderlich ist, um alle relevanten Handlungsbedarfe zu berücksichtigen und resultierende Konsequenzen bewusst zu betrachten.

4. Technische Herausforderungen

Die zentralen Aspekte technischer Herausforderungen sind:

- Die Integration der neuen Systeme in die bestehende Infrastruktur ist komplex.
- Datenquellen sind unstrukturiert und können nicht maschinell ausgelesen werden. Bestehende strukturierte Datenquellen sind in Softwaresystemen vorhanden, für die keine maschinell nutzbaren Schnittstellen zur Verfügung stehen.
- Bestimmte Daten liegen weder explizit noch digital vor und erfordern die Erweiterung oder Einführung von Werkzeugen und/oder Prozessen zur Datenerfassung.
- Inkonsistenzen, Fehler oder Lücken in Datenbeständen aus verschiedenen Systemen können Datenerfassung, Dashboards und Information Retrieval beeinträchtigen. Die Sicherstellung einer hohen Datenqualität ist kritisch für den Einsatz jedes datenbasierten Systems.
- Grundlage für den Einsatz datenbasierter Assistenzsysteme ist ein Datenmodell des Unternehmens bzw. Unternehmensbereichs, das die relevanten Datenbestände, die im Einsatz befindlichen Softwarelösungen und

die Beziehungen zwischen diesen abbildet. Die Formulierung eines solchen Datenmodells sowie der Anforderungen an ein datenbasiertes Assistenzsystem stellt für viele Unternehmen eine große Herausforderung dar.

- Es braucht eine klare technische Umsetzung, um Echtzeitdaten und Interaktivität zu ermöglichen.

5. Herausforderungen für die Beschäftigten

Herausforderungen für die Beschäftigten ergeben sich nach unseren Erfahrungen durch andere, ggf. höhere Qualifikationsanforderungen bzw. durch veränderte Strukturen der bisher ausgeübten Arbeitstätigkeiten.

Beschäftigte müssen in der Lage sein, mit digitalen Technologien, Sensorik und Tools zur Datenintegration umzugehen. Dazu gehört auch das Verständnis für die Funktionsweise und die Bedienung von Assistenzsystemen. Die Fähigkeit, Daten zu interpretieren und Problemlösungen zu entwickeln wird stärker gefordert. Die bereits in Hochzeiten von Lean Management abteilungsübergreifende Arbeit wird erweitert um Aspekte interdisziplinären Arbeitens. Alle Fachbereiche, nicht nur die IT-Abteilungen, sehen sich mit der Anwendung digitaler Technologien konfrontiert. Verständnis zur Beschaffung und Beurteilung der Qualität von Daten sowie zugrundeliegender Verarbeitungsalgorithmen betreffen also nicht mehr nur die Informatiker sondern ebenso Produktionstechniker, Betriebswirte und viele weitere Berufsbilder.

6. Auswirkungen auf die Arbeitstätigkeiten

Nun noch detaillierter betrachtet die erwarteten Auswirkungen auf die Arbeitstätigkeiten.

Wir schließen uns an Bankins et al. (2023, 2024) an und unterscheiden drei verschiedene Fälle der Funktionsteilung von Mensch und Assistenzsystem, welche jeweils unterschiedliche Auswirkungen auf Arbeitstätigkeiten haben.

Im ersten Fall - Automatisierung und Ersatz des Menschen - übernehmen Assistenzsysteme spezifische Aufgaben, die bisher von Menschen ausgeführt wurden. Diese Automatisierung betrifft sowohl einfache als auch komplexe Tätigkeiten und manifestiert sich in verschiedenen Formen der Prozessautomatisierung. Durch Automatisierung repetitiver Aufgaben bzw. Routineaufgaben werden Beschäftigte von monotonen Tätigkeiten entlastet. Ersatz des Menschen bei gefährlichen Tätigkeiten trägt zum Arbeitsschutz und zur Gesundheitsförderung bei.

Die Auswirkungen dieser Automatisierung sind ambivalent. Während die Entlastung von monotonen Tätigkeiten positive Effekte haben kann, jedoch auch das Risiko des direkten „Ersetzens“ impliziert, birgt die Übernahme komplexer Aufgaben durch das Assistenzsystem das Risiko einer Dequalifizierung der Beschäftigten, falls keine vergleichbaren Ersatzaufgaben zugewiesen werden.

Realisierte Lösung	Auswirkungen auf die Arbeitstätigkeit
Scan mittels Barcode von Beginn und Ende der Bearbeitung eines Fertigungsauftrages	Scanvorgang ist zusätzlicher Schritt für die Maschinenführer, Ersatz einer handschriftlichen Notiz auf dem Fertigungsauftrag
Automatische Ermittlung der Bearbeitungszeit je Arbeitsgang und Auftrag aus den Zeitstempeln je Fertigungsauftrag	Entlastung der Arbeitsvorbereitung von Übertrag handschriftlicher Daten und Auswertung mittels selbstgebauter Exceltools
Realistische Vorgabezeiten für Fertigungsschritte	genauere Abschätzung erforderlicher Produktionskapazitäten; Erleichterung der Fertigungsplanung

Tabelle 2: *Fallbeispiel „Datenerfassung durch SCANO“*

Im zweiten Fall der Mensch-KI-Kollaboration verstärkt bzw. ergänzt das Assistenzsystem die menschlichen Fähigkeiten. Von dieser Form werden besonders positive Auswirkungen auf die Arbeitsqualität und -produktivität erwartet. KI-unterstützte Diagnosehilfen im Gesundheitswesen ermöglichen es bspw. medizinischen Fachkräften, präzisere Diagnosen zu stellen. Predictive Analytics unterstützt Geschäftsentscheidungen durch die Analyse großer Datenmengen, die menschliche Kapazitäten übersteigen würden.

Diese Kollaboration führt bei adäquat gestalten und implementierten Assistenzsystemen zu erhöhter Produktivität und Arbeitsqualität, wobei der Leistungszuwachs besonders bei geringer qualifizierten Beschäftigten signifikant ist [Bankins 2024]. Gleichzeitig verbessert sich die Aufgabenbedeutung, da Beschäftigte durch KI-Unterstützung bessere Ergebnisse für ihre Zielgruppen erzielen können [Bankins 2023].

Realisierte Lösung	Auswirkungen auf die Arbeitstätigkeit
Automatisierter Abruf und Aufbereitung von automatisch erfassten Fertigungsdaten aus einer speziellen Anwendersoftware	Manueller Export, Aufbereitung im Excel sowie Transfer an Präsentationsmonitore entfallen Zeit wird verfügbar für die Prüfung der Fertigungsdaten, die Identifikation von Abweichungen und evtl. Interventionen

Tabelle 2: *Fallbeispiel „automatisierte Produktionsdatenauswertung und Präsentation per Dashboard“*

Im dritten Fall entstehen vollständig neue Arten von Arbeitstätigkeiten, die bisher nicht existierten, z. B. die des Data Scientist oder eines KI-Trainers, der KI-Systeme für bestimmte Aufgaben trainiert.

Diese neuen Arbeitstätigkeiten bzw. neuen Bestandteile von Arbeitstätigkeiten können unterteilt werden in Managing the Machine und Minding the Machine. Während Managing the Machine komplexe geistige Tätigkeiten repräsentieren, beinhaltet Minding the Machine eher einfache algorithmische Tätigkeiten. Beispiele für Managing the Machine sind Koordinierungs- und Pufferfunktionen sowie Ausbilder-, Erklärungs- und Unterstützungsfunktionen. Demgegenüber sind die KI-Vorbereitung (Beschaffung, Kommentierung und Kennzeichnung von Daten) und die KI-Verifizierung durch die Validierung von KI-Ergebnissen, z. B. die Überprüfung der Bild-Erkennungsgenauigkeit, Minding the Machine zuzuordnen.

Realisierte Lösung	Auswirkungen auf die Arbeitstätigkeit
Zentral abgelegte Bedienungs-anleitungen, Arbeitsanweisungen, Produktdatenblätter, Erfahrungsberichte werden durch ein IR-System in Bezug auf natürlichsprachliche Anfragen der Beschäftigten durchsucht und Fundstellen geordnet nach Relevanz angezeigt	Der Aufwand für die Recherche nach Lösungsvorschlägen und technischen Informationen während der Bearbeitung von Aufträgen sinkt deutlich. Die Möglichkeit natürlichsprachlicher Anfragen senkt eine evtl. Nutzungshemmschwelle.
Die Nutzer haben die Möglichkeit für Feedback zu jeder einzelnen Quelle hinsichtlich deren Passfähigkeit. Außerdem werden die Anfragen mitgelogged, sodass auch eine Auswertung hinsichtlich nicht beantworteter Anfragen möglich ist. Die Dokumente müssen bestimmten Formatierungsregeln entsprechen und es ist eine Synonymbasis zu pflegen, die das „Unternehmenssprech" abbildet.	Es entsteht personeller Aufwand für die kontinuierliche Weiterentwicklung und Kuratierung der Wissensbasis, der kontinuierlich anfällt und nicht nur bei Ausscheiden eines Beschäftigten punktuell relevant ist.
Die Installation erfolgt mittels Open-Source-Tool Docker und erfordert keine Spezialkenntnisse seitens der IT-Administration.	Für den IT-Administrator fällt kaum zusätzlicher Aufwand an. Er hat lediglich die Lauffähigkeit zu gewährleisten.

***Tabelle 3:** Fallbeispiel „Einsatz eines Information Retrieval Systems"*

Die Implikationen für die Arbeitstätigkeiten sind in den drei Fällen vollkommen unterschiedlich. Eine positive Interpretation der Unterstützung des Menschen durch die Maschine ist nicht zwangsläufig. Das verdeutlichen auch unsere Fallbeispiele, die z. B. aufzeigen, dass sowohl Aufwandsreduktion als auch zusätzlicher Aufwand entstehen kann. Das muss also anhand des resultierenden Nutzens abgewogen werden.

Entscheidend ist jedoch, welche Tätigkeiten beim Menschen verbleiben: werden die Fähigkeiten der Menschen erweitert und die Arbeit menschengerecht gestaltet oder sind Effekte wie Dequalifizierung vorherrschend.Ob die eine oder die andere Tendenz dominiert, ist aktiv gestaltbar und kein Determinismus in die eine oder andere Richtung.

7. Empfehlungen

Im Einführungsprozess steht daher der Versuch an erster Stelle, die Möglichkeiten von Assistenzsystemen zu nutzen und nicht ineffiziente tradierte Arbeitstätigkeiten zu erhalten. Ziel sollte es sein, Beschäftigte von repetitiven, zeitaufwändigen und gefährlichen Aufgaben zu entlasten und ihnen mehr Freiraum für kreative und wertschöpfende Tätigkeiten zu verschaffen.

Besonders vielversprechend erscheint gegenwärtig die Unterstützung bei komplexen und strategischen Entscheidungsprozessen, indem das Potenzial der Assistenzsysteme genutzt wird, große Datenmengen in Echtzeit zu verarbeiten und zu analysieren.

Positive wie negative Veränderungen der Arbeitstätigkeiten sind überwiegend gestaltbar, d. h. die Auswirkungen auf Arbeitstätigkeiten müssen bereits bei der Entwicklung der Assistenzsysteme mitgedacht werden, auch um aufwändige Korrekturen zu vermeiden. Dies erfordert einen prospektiven Gestaltungsansatz, der bereits bei der Konzeptionierung und in der Entwicklungsphase von Assistenzsystemen zur Anwendung kommt. Unsere Erfahrungen zeigen, dass die Einführung kognitiver Assistenzsysteme das gesamte Unternehmen betrifft. Es geht nicht nur um Technologie, sondern um einen umfassenden Transformationsprozess im Unternehmen.

Ein wesentlicher Erfolgsfaktor ist die ganzheitliche Gestaltung von Assistenzsystem, Tätigkeit und Leistungsvoraussetzungen des Beschäftigten durch Qualifizierung. Die Einführung von Assistenzsystemen berührt außerdem eine ganze Reihe weiterer Prozesse und Tätigkeiten im Unternehmen, insbesondere die Ausgestaltung der IT-Landschaft und der Informationsflüsse.

Zielführend für eine gelungene Funktionsteilung zwischen Mensch und Assistenzsystem, bei der die Stärken beider Seiten optimal kombiniert werden (komplementäre Funktionsteilung) ist die prospektive Betrachtung von Arbeitstätigkeiten hinsichtlich der Kriterien „Guter Arbeit". Sinnhaftigkeit der Arbeit spielt dabei eine zentrale Rolle - Menschen müssen ihre zu erledigenden Aufgaben auch bei der Übernahme von Teilaufgaben durch KI-Systeme als wichtig für sich und andere wahrnehmen können.

Weitere wichtige Kriterien umfassen die Ganzheitlichkeit der Aufgaben und Tätigkeiten, damit Beschäftigte ein Bild der Gesamtsituation haben und sich als Bestandteil des Prozesses wahrnehmen können. Vielseitigkeit und Anforderungsvielfalt der Tätigkeiten sowie Möglichkeiten der Mitgestaltung bei der Arbeitsorganisation sind ebenfalls zentrale Aspekte einer menschengerechten Arbeitsgestaltung beim Einsatz von datenbasierten Assistenzsystemen.

Nicht nur, weil die Auswirkungen von Assistenzsystemen auf Arbeitstätigkeiten oft nur schwer abschätzbar sind, sondern auch um die individuellen Leistungsvoraussetzungen stärker zu adressieren, sollten KI-Systeme anpassbar gestaltet werden. Dies bedeutet, dass technische Systeme so entwickelt werden müssen, dass sie flexibel auf veränderte Anforderungen reagieren können, indem sie über einen Funktionsvorrat verfügen.

Als Orientierungsrahmen sollten geltende Normen und das etablierte Wissen zur menschengerechten Arbeitsgestaltung Beachtung finden. Die europäischen Arbeitsschutzregelungen und anerkannten Humankriterien des Arbeitsschutzes müssen bei der Gestaltung von KI-gestützten Arbeitssystemen berücksichtigt werden.

Die Gestaltung von KI-Systemen für die Arbeitswelt erfordert somit einen interdisziplinären Ansatz, der technische, organisatorische und menschliche Aspekte gleichermaßen berücksichtigt. Nur durch eine bewusste und vorausschauende Gestaltung können die Potenziale von KI für eine menschengerechte und produktive Arbeitsorganisation realisiert werden.

8. Ergebnis der Transformation

- Die kognitiven Assistenzsysteme sind erfolgreich eingeführt und optimieren die Arbeitsabläufe.
- Beschäftigte sind nicht ersetzt, sondern durch Upskilling gestärkt. Gefährdende Tätigkeitsbestandteile werden reduziert.
- Entscheidungen werden datenbasiert und in Echtzeit getroffen, was die Wettbewerbsfähigkeit des Unternehmens deutlich steigert.

- Das Unternehmen hat sich nicht nur technisch, sondern auch kulturell verändert: Offenheit für Innovation und eine stärkere Zusammenarbeit prägen die neue Unternehmenskultur.

Eine harmonische Integration von Mensch und Technik macht das Unternehmen zukunftsfähig.

Literatur

1. PAL 2025, Monitoringbericht zur Veränderung von Arbeitsinhalten, unveröffentlicht
2. Bankins S, Hu X, Yuan Y. Artificial intelligence, workers, and future of work skills. Current Opinion in Psychology 2024;58:101828. https://doi.org/10.1016/j.copsyc.2024.101828.
3. Bankins S, Formosa P. The Ethical Implications of Artificial Intelligence (AI) For Meaningful Work. J Bus Ethics 2023;185:725–40. https://doi.org/10.1007/s10551-023-05339-7.

Wandel durch kooperative Automatisierung – Implikationen für die Arbeitsforschung im Spannungsfeld Mensch und Technik

Katharina MÜLLER-EPPENDORFER[1]; Sebastian ROCH[1]; Christian SCHMIDT[2]; Julia ZÄHR[2]; Leif GOLDHAHN[1]

Hochschule Mittweida, InnArbeit – Zentrum für innovative Arbeitsplanung und Arbeitswissenschaft[1], Professur Automatisierte Fügeprozesse und Simulation[2]
Technikumplatz 17, D-09648 Mittweida
+49 (0) 03727/581888, Email: mueller7@hs-mittweida.de

Kurzfassung: Die Hybridautomatisierung verändert die Art und Weise, wie Arbeit organisiert und ausgeführt wird. Dabei entstehen neue Formen der Zusammenarbeit zwischen Mensch und Technik, die sowohl Chancen als auch Herausforderungen mit sich bringen. Diese werden im vorliegenden Beitrag anhand von drei industriellen Beispielen beleuchtet.

Schlüsselwörter: Digitalisierung, Automatisierung, Cobots, Arbeitsgestaltung

1. Einleitung

Die fortschreitende Digitalisierung und Automatisierung verändern die Arbeitswelt grundlegend in vielen Bereichen der Industrie. Insbesondere die sogenannte Hybridautomatisierung, also die enge Zusammenarbeit von Mensch und Maschine, wirft neue Fragen zur Gestaltung von Arbeit auf. Dabei steht der Mensch zunehmend im Spannungsfeld zwischen technischer Effizienz und sozialer Verantwortung.

Dieser Beitrag beleuchtet, wie sich dieser Wandel auf die Arbeit auswirkt und welche neuen Perspektiven sich im Umgang mit hybriden Systemen eröffnen. Im Mittelpunkt stehen zwei zentrale Fragen: Wie kann Arbeit so gestaltet werden, dass Technik den Menschen unterstützt – und nicht umgekehrt? Und welche Bedingungen müssen geschaffen werden, damit der Mensch die Kontrolle über Technik und Digitalisierung behält?

Anhand dreier praktischer Beispiele – dem Übergang vom manuellen zum automatisierten Schweißen von Kleinserien über mobile Robotik zur

Bauteilhandhabung bis hin zur Entwicklung eines Assistenzsystems für ergonomische Haltungen an Handarbeitsplätzen – werden Chancen, Risiken und neue Anforderungen an menschengerechte Arbeit aufgezeigt.

2. Gestaltungsansatz, Chancen und Risiken

Die erfolgreiche Gestaltung des digitalen Wandels erfordert ein ausgewogenes Zusammenspiel von Mensch, Technik und Organisation (MTO). Dabei kommt den Mitarbeitenden eine zentrale Rolle zu: Nur wenn sie frühzeitig eingebunden, qualifiziert und aktiv mitgenommen werden, kann Automatisierung nachhaltig wirken. Partizipative Entwicklungsansätze für hybride Arbeitssysteme (Goldhahn, 2023) fördern die Akzeptanz neuer Technologien und deren sinnvolle und menschengerechte Anwendung im Arbeitsalltag. Die Fertigungsmittelplanung hybrider Arbeitssysteme richtet sich damit insbesondere auch auf die ergonomische Gestaltung (Abb. 1).

	Technologie	Ergonomie	Wirtschaftlichkeit
1. Anforderungs-planung	• Fertigungsspektrum (Fertigungsart, Fertigungskapazität, Fertigungsverfahren) • Fertigungsstruktur	• Qualifikationsstand und Anzahl der Mitarbeitenden (Ist) • Automatisierungsgrad (Wunsch)	• Verfügbarkeit investiver Mittel
2. Auswahl von Maschinen, Automatisierungs-technik, IT und KI	• Bildung von Teilefamilien • Aufstellung von technologischen Merkmalen (für Lastenheft) • Werkzeug- und Spann-konzept	• Erstellung von Bedien-konzepten incl. Automatisierung (für Lastenheft) • Erkennen von Qualifikationsbedarfen	• Einholung von Angeboten • Angebotsvergleich
3. Kombination von Maschinen, Anlagen, Arbeitsplätzen, IT, KI	• Aufstellung und Verkettung von Maschinen und Arbeitsplätzen • Ressourceneffizienz und Umweltschutz • Ver- und Entsorgungs-konzept • IT-Konzept	• Ergonomische Gestaltung der Arbeitsplätze • Arbeits- und Gesundheitsschutz • Erstellung Bedienkonzept für Gesamtsystem • Ethische und regulatorische Aspekte	• Angebotsergänzung • Kalkulation interner Aufwände • Investitionsantrag • Auftragsvorbereitung

***Abbildung 1**: Systematik der Fertigungsmittelplanung für hybride Arbeitssysteme*

Die Digitalisierung und Automatisierung industrieller Prozesse bieten enorme Chancen, gleichzeitig sind sie mit nicht zu unterschätzenden Herausforderungen verbunden. Die folgende Tabelle 1 stellt zentrale Potenziale und Risiken gegenüber, die Unternehmen bei der Umsetzung berücksichtigen sollten.

Chancen / Potenziale	Risiken / Herausforderungen
Produktivitätssteigerung: Automatisierung kann Prozesse beschleunigen, Durchlaufzeiten verkürzen und die Auslastung von Maschinen verbessern.	**Komplexität der Einführung**: Die Integration neuer Technologien erfordert Know-how, Zeit und Investitionen – insbesondere bei bestehenden manuellen Prozessen.
Qualitätsverbesserung: Automatisierte Systeme arbeiten präzise und reproduzierbar – das reduziert Fehler und steigert die Produktqualität.	**Akzeptanzprobleme bei Mitarbeitenden**: Unsicherheit, Angst vor Arbeitsplatzverlust oder Überforderung mit neuen Technologien können Widerstände hervorrufen.
Entlastung von Mitarbeitenden: Schwere, monotone oder gefährliche Tätigkeiten können durch Maschinen übernommen werden.	**Technische Störungen und Abhängigkeiten**: Automatisierte Systeme sind anfällig für Ausfälle oder Fehlfunktionen.
Flexibilität durch hybride Systeme: Mensch-Roboter-Kollaboration ermöglicht flexible Reaktionen auf wechselnde Anforderungen.	**Verlust von Erfahrungswissen**: Bei vollständiger Automatisierung kann wertvolles handwerkliches Wissen verloren gehen.
Datenbasierte Optimierung: Digitale Systeme liefern wertvolle Daten zur Prozessüberwachung und -verbesserung.	**Datenschutz und IT-Sicherheit**: Mit zunehmender Digitalisierung steigt das Risiko von Cyberangriffen oder Datenmissbrauch.

***Tabelle 1**: Chancen und Risiken der Digitalisierung und Automatisierung. (Manyika et al., 2017; Draese, 2023)*

3. Praxis-Beispiel 1: Automatisierung des Schweißens für Kleinserien

Das Schweißen von Kleinserien war lange Zeit durch manuelle Tätigkeiten geprägt, da Variantenvielfalt und komplexe Nahtgeometrien den wirtschaftlichen Einsatz von Robotertechnologie erschwerten. Basierend auf der aktuellen Entwicklung von einfachen Schweißautomationslösungen, z. B. einfach zu teachende Industrieroboter und kollaborative Roboter (Cobots), ist der Übergang vom manuellen zum automatisierten Schweißen auch für Kleinserien möglich und bietet zahlreiche Vorteile: Erhöhung der Prozesssicherheit, Verbesserung der Qualität und Reduzierung der körperlichen Belastungen für die Mitarbeitenden (Grau et al., 2021). Gleichzeitig entstehen neue Aufgaben, etwa in der Einrichtung, Überwachung,

Qualitätssicherung oder Systemwartung. Dadurch ergeben sich zwei neue Berufsbilder für das automatisierte Schweißen von Kleinserien als Ersatz für den klassischen Handschweißer: zum einen der Einrichter und zum anderen der Bediener der Schweißautomationsanlagen.

Die Schlüsselaktivitäten im Jobprofil eines Handschweißers sind das Positionieren, Heften und Schweißen sowie die Kontrolle und Nacharbeit der Werkstücke, wodurch sich Eigenverantwortung, analytische Fähigkeiten und Sachlichkeit als wichtige Kernkompetenzen ergeben. Zentrale Tätigkeiten eines Einrichters hingegen sind das Analysieren der Schweißaufgabe, das Planen einer einfachen, aber genauen Einspannvorrichtung sowie der Schweißabfolge, das Programmieren und das Parametrieren der Schweißprozesse. Außerdem sind mehrere Simulations- und Testläufe für die Einstellung der optimalen Schweißnaht sowie die Erstellung einer umfassenden Anleitung für den Bediener erforderlich. Dadurch ergeben sich neben analytischen Fähigkeiten und Eigenverantwortung auch ein systematisch-methodisches Vorgehen und ein hohes Folgebewusstsein als Schlüsselkompetenzen.

Das Tätigkeitsspektrum eines Bedieners ist geprägt von manuellen Tätigkeiten mit Unterstützung von Assistenzsystemen unter Verwendung von Anleitungen. Der Bediener muss vor dem Start einer neuen Serie entsprechend der Vorgaben die Vorrichtung aufbauen und definierte Bahnpunkte kontrollieren. Anschließend müssen die Bauteile korrekt eingespannt und das Programm gestartet werden. Nach dem Schweißprozess erfolgt die Entnahme der Bauteile und eine visuelle Nahtprüfung. Entsprechend der Kompetenzprofilanalyse liegen die Schlüsselkompetenzen des Bedieners im Beurteilungsvermögen, Disziplin und Zuverlässigkeit. Diese Entwicklung der Schweißautomatisierung birgt das Risiko der Dequalifizierung durch vermehrte Überwachungstätigkeiten und dem Verlust handwerklicher Kompetenzen.

Die frühzeitige Einbindung der Schweißarbeitskräfte ist beim Einführen neuer Automatisierungstechnologien am Arbeitsplatz entscheidend. Durch Partizipation, transparente Kommunikation und Qualifizierungsangebote können Akzeptanz und Kompetenz der Mitarbeiter gestärkt werden. Wichtig ist zudem, Ängste vor Arbeitsplatzverlust und Dequalifizierung ernst zu nehmen und neue Aufgaben für Handschweißer, Bediener und Einrichter klar zu definieren. Aus arbeitswissenschaftlicher Sicht ist daher entscheidend, dass die Arbeit weiterhin ausführbar, beeinträchtigungsfrei und persönlichkeitsförderlich gestaltet werden kann. (Bosse et al., 2019)

4. Praxis-Beispiel 2: Mobiler Manipulator zur Materialbereitstellung

Ein mobiler Manipulator (MoMa) ist ein automatisiertes System zur innerbetrieblichen Materiallogistik, dass ein fahrerloses Transportfahrzeug (FTS) mit einem darauf montierten Cobot und einem Greifer kombiniert. Der Cobot übernimmt Handhabungsaufgaben wie Greifen, Ausrichten, Positionieren, während das FTS autonom (meist mittels LiDAR-Scanner orientierend) durch die Fertigungs- oder Lagerhalle fährt. Eine zentrale Steuerungseinheit (z. B. SPS) koordiniert und gewährleistet ein sicheres Zusammenspiel von Cobot und FTS.

Mobile Manipulatoren bieten zahlreiche Vorteile. Mit ihnen können z. B. monotone, sich wiederholende oder gefährliche Transport- und Handhabungsaufgaben automatisiert werden. Durch seine kollaborative Auslegung ist ein MoMa in der Lage, ohne zusätzliche Schutzvorrichtungen wie Schutzzäune direkt im Unternehmen eingesetzt zu werden und kann sicher mit dem Menschen zusammenarbeiten, wodurch aufwändige Umstrukturierungen bestehender Produktionsprozesse entfallen. Diese Zusammenarbeit steigert die Produktivität: Das Personal gewinnt Zeit für hochwertige Tätigkeiten, während der Roboter Routineaufgaben übernimmt.

Weitere Vorteile sind:

- Flexible Automatisierung durch einfache Umrüstung und Programmierung
- Effizienzsteigerung durch reduzierte Lauf- und Wartezeiten
- Sicherheit durch integrierte Sensorik und geringere Kräfte
- Physische Entlastung für Mitarbeitende
- Anpassungsfähigkeit bei wechselnden Anforderungen. (IFR, 2024)

Demgegenüber birgt die hohe technische Komplexität des Gesamtsystems neue Anforderungen im Bereich Programmierung, Inbetriebnahme und Test neuer Transport- und Handhabungsaufgaben und eine höhere Störanfälligkeit.

Arbeitsplatzbezogene Risiken resultieren aus Veränderungen im Tätigkeitsprofil: Es kann zu stärkerer mentaler Belastung kommen, da vor allem einfache physische Tätigkeiten entfallen und gleichzeitig die Bedienung des MoMa die Einarbeitung in ein neues System bedingt. Ohne Qualifikation und Einbindung können Ängste vor Rationalisierung und erhöhter Überwachung oder Monotonie bei den verbliebenen Aufgaben auftreten. Die verbliebenen Tätigkeiten werden unattraktiver. Demgegenüber bieten adäquate Mitgestaltung und Schulung beachtliche Potenziale zur Entwicklung neuen Kompetenzen (Tausch, Kluge, 2023).

Die Einführung mobiler Manipulatoren beeinflusst die Arbeitsgestaltung deutlich. Positiv wirkt sich die körperliche Entlastung aus, da lange Wege und schweres Heben entfallen. Dies kann physischer Ermüdung und Verletzungen vorbeugen.

Ihr Einsatz führt zu einem Qualifikations- und Tätigkeitswandel. Mitarbeitende müssen Roboter bedienen und eventuell selbst programmieren. Die Tätigkeit verlagert sich von rein manuellen Tätigkeiten hin zur Planung, Überwachung, Bedienung und Fehlerbehebung. Teilweise besteht auch die Gefahr der Unterforderung, wenn Beschäftigte nur noch Kontrollaufgaben ausführen und der eigentliche Arbeitsprozess automatisiert abläuft.

Im Sinne menschengerechter Arbeit kommt es also auf die Gestaltung an. Die verbleibenden Aufgaben sollten abwechslungsreich und sinnvoll sein. Eine bewusste Einführung mit Schulung und Partizipation kann dafür sorgen, dass mobile Manipulatoren die Arbeitsqualität erhöhen.

5. Praxis-Beispiel 3: Verbesserung der Arbeitsbedingungen für manuelle Montagen durch ein Assistenzsystem

Digitale Assistenzsysteme wie Pick-by-Light, AR-Brillen oder visuelle Bildschirmhinweise unterstützen Mitarbeitende bei komplexen und variantenreichen Tätigkeiten (Bock et al., 2024). Sie fördern ergonomisches Arbeiten und verringern damit gesundheitliche Belastungen, erleichtern die Einarbeitung und reduzieren Fehler. Gleichzeitig zeigen sich ambivalente Wirkungen: Während einige Beschäftigte Entlastung erfahren, empfinden andere die Systeme als überwachend. Eine humanzentrierte, sozialverträgliche Gestaltung – etwa durch Beteiligung der

Mitarbeitenden und adaptive Systemfunktionen – ist daher essenziell, um Akzeptanz und Selbstwirksamkeit zu stärken. (Hölzle et al., 2024; Funk et al., 2019; Müller-Eppendorfer et al., 2025)

Gerade bei Tätigkeiten, die aufgrund ihrer Komplexität nicht automatisierbar sind und weiterhin manuell durch Fachkräfte ausgeführt werden müssen, bieten digitale Assistenzsysteme ein wertvolles Unterstützungspotenzial. Im vorliegenden Anwendungsbeispiel eines Pilotbetriebs aus dem Bereich Elektronikdienstleistung betrifft dies insbesondere ausgewählte Arbeitsschritte in der Leiterplattenmontage. Hier prüfen Mitarbeitende vorgefertigte Leiterplatten manuell mithilfe von Lupen auf Vollständigkeit und identifizieren potenzielle Lötfehler wie fehlendes Lot oder Lötbrücken. Diese Tätigkeiten erfordern hohes Fachwissen und sind teilweise von körperlichen Zwangshaltungen geprägt, was zu einer erhöhten körperlichen Belastung für die betroffenen Personen führen kann. Zur Optimierung der ergonomischen Arbeitsbedingungen wurden herkömmliche Arbeitstische durch höhenverstellbare Standardarbeitstische mit verbesserter Beleuchtung ersetzt. Anschließend wurde ein virtuelles Modell des Arbeitsplatzes erstellt, das im Rahmen eines VR-Workshops den Mitarbeitenden präsentiert wurde, um weiteres Verbesserungspotenzial zu identifizieren und gezielt in der realen Arbeitsumgebung umzusetzen. (Müller-Eppendorfer et al., 2025) Die abstrahierten Arbeitsabläufe wurden in einem Drehbuch modelliert und dienen als Grundlage für virtuelle Simulationen mit einem digitalen Menschmodell sowie physische Nachstellungen mittels Legobausteinen. Dabei wurden Bewegungs- und Haltungsdaten sowohl im virtuellen Modell als auch durch Tracking- und Kamerasysteme bei der physischen Umsetzung erfasst. Die erfassten Daten dienen der Parametrisierung eines Assistenzsystems zur Förderung ergonomischer Körperhaltungen. Dieses Assistenzsystem soll dann mittels Kameras die Körperhaltung der Mitarbeitenden in Echtzeit analysieren und bei Abweichungen visuelle Hinweise über einen Monitor ausgeben. Dadurch können Zwangshaltungen frühzeitig erkannt, gezielt korrigiert und Muskel-Skelett-Beschwerden vermieden werden. Durch eine anonymisierte Rückkopplung der Körperhaltung auf das Produkt und die damit verbundenen Arbeitsabläufe können diese überprüft und angepasst werden, um ergonomisch günstigere Haltungen zu ermöglichen. Das Assistenzsystem wird zunächst in der Laborumgebung getestet und dann partizipativ mit den Mitarbeitenden der Pilotfirma eingeführt.

Schlussfolgernd kann die Verbesserung von Arbeitsplatzsystemen sowie die Einführung und Nutzung von Assistenzsystemen bei manuellen Tätigkeiten gelingen, wenn alle Beteiligten am Prozess partizipativ mitwirken und ihre Ideen und Anregungen im Entstehungsprozess mit einbringen können.

6. Fazit und Ausblick

Die Beispiele zeigen deutlich, dass Hybridautomatisierung nicht nur technische, sondern vor allem arbeitsorganisatorische und soziale Veränderungen mit sich bringt. Während körperliche Entlastung und Prozessoptimierung unbestrittene Vorteile digitaler Assistenzsysteme darstellen, ergeben sich zugleich neue Herausforderungen hinsichtlich Qualifikationsanforderungen, Selbstbestimmung, der Rolle des Menschen im Arbeitsprozess sowie der Einhaltung datenschutzrechtlicher Vorgaben. Entscheidend ist, dass Technik nicht als Ersatz, sondern als Erweiterung menschlicher Fähigkeiten verstanden und gestaltet wird. Nur so kann Arbeit menschengerecht bleiben – ausführbar, schädigungslos, beeinträchtigungsfrei und persönlichkeitsförderlich.

Zukünftig wird es darauf ankommen, Gestaltungsprinzipien zu entwickeln, die den Menschen dauerhaft in den Mittelpunkt technischer Innovationen stellen. Dazu gehören partizipative Einführungsprozesse, adaptive Systeme sowie eine kontinuierliche arbeitswissenschaftliche Begleitforschung. Die Frage, unter welchen Bedingungen der Mensch die Kontrolle über Technik und Digitalisierung behält, wird dabei zentral bleiben – nicht nur für die Arbeitsforschung, sondern für die Gesellschaft insgesamt.

Literatur

1. Bock, D.; Müller-Eppendorfer, K.; Goldhahn, L. (2024). Moderne Assistenz für Montage- und Bereitstellprozesse. In: Tolkmitt, Volker; Mahn, Uwe (Hrsg.): 24. Nachwuchswissenschaftler*innenkonferenz. 13. und 14. Juni 2024. Mittweida: Hochschule Mittweida, ISSN (online): 1437-7624, https://doi.org/10.48446/opus-15416, S. 292 - 297

2. Bosse, C. K., Hellge, V., Schröder, D. (2019). Partizipation als Schlüssel zum Erfolg, Mittelstand-Digital Magazin, Nr. 11, S. 5–11. [Online]. Verfügbar unter: https://www.mittelstand-

digital.de/MD/Redaktion/DE/Publikationen/Wissenschaft-trifft-Praxis/magazin-wissenschaft-trifft-praxis-ausgabe-11.html

3. Draese, N. (2023). Automatisierung in der Industrie: Welche Vor- und Nachteile – welche Potenziale? ingenieur.de. Verfügbar am 10. Juni 2025 unter https://www.ingenieur.de/technik/fachbereiche/automation/automatisierung-in-der-industrie-welche-vor-und-nachteile-welche-potenziale/

4. Funk, M. et al. (2019). Menschzentrierte Gestaltung digitaler Arbeitsassistenz. In GfA-Frühjahrskongress. Verfügbar unter https://gfa2019.gesellschaft-fuer-arbeitswissenschaft.de/inhalt/C.10.1.pdf

5. Gerlmaier, A., Bendel, A., & Ossenberg, M. (2024). Humanzentrierte Gestaltung von digitalen Assistenzsystemen. Zeitschrift für Arbeitswissenschaft. Verfügbar unter https://link.springer.com/article/10.1007/s41449-024-00423-8

6. Goldhahn, L. (2023). Entwicklung hybrider Arbeitssysteme. In: Entwicklung hybrider Arbeitssysteme. Scientific Reports. Hochschule Mittweida, ISSN 1437-7624, 2023, Nr. 1, doi.org/10.48446/opus-14344, S. 1 - 5

7. Grau, A., Indri, M., Bello, L. Lo, Sauter, T. (2021). "Robots in Industry: The Past, Present, and Future of a Growing Collaboration With Humans," EEE Ind. Electron. Mag., Jg. 15, Nr. 1, S. 50–61, doi: 10.1109/MIE.2020.3008136

8. Hölzle, K., Braun, M., Dangelmaier, M., Haner, U.-E., & Ohlhausen, P. (2024). Arbeitswissenschaft-in-the-loop – Mensch-Technik-Integration und ihre Auswirkung auf Mensch, Arbeit und Arbeitsgestaltung. Zeitschrift für Arbeitswissenschaft. https://doi.org/10.1007/s41449-025-00470-9

9. IFR International Federation of Robotics (Hrsg.) (2024). Collaborative Robots - How robots work alongside humans. Position Paper. [Online]. Verfügbar unter: https://ifr.org/ifr-press-releases/news/how-robots-work-alongside-humans#:~:text=Cobots%20offer%20a%20quick%20entry,production%20needs%20are%20constantly%20changing

10. Manyika, J., Chui, M., Miremadi, M., Bughin, J., George, K., Willmott, P., & Dewhurst, M. (2017). A future that works: Automation, employment, and productivity. McKinsey Global Institute. Verfügbar unter https://www.get-aimax.de/mckinsey-studie-zum-potenzial-von-automatisierung-und-einfluss-auf-die-arbeitswelt

11. Müller-Eppendorfer, K.; Gruß, S.; Meusinger, K.; Engelsberger, A.; Goldhahn, L. (2025). Beteiligungsorientierte Entwicklung datenbasierter Assistenz für ergonomische Montage. In: Gesellschaft für Arbeitswissenschaft e. V. (Hrsg.): Arbeit 5.0: Menschzentrierte Innovationen für die Zukunft der Arbeit. Bericht zum 71. Arbeitswissenschaftlichen Kongress vom 25.- 27. März 2025. Sankt Augustin: GfA Press. ISBN 978-3-936804-36-2, 2025, pp. 1117 - 1122

12. Tausch, A., Kluge, A. (2023). Teaming mit Robotern – Prinzipien nachhaltig menschengerechter Arbeitsgestaltung. Zeitschrift für Arbeitswissenschaft 77, 478–489. https://doi.org/10.1007/s41449-023-00389-z

Adaptives Lernmanagement zur Förderung organisationalen Lernens in Unternehmen. Anforderungen, Voraussetzungen und Potenziale - ein Scoping Review

Susan PELZECKER[1]; Fabian DIETRICH [2]; Sebastian JUNGHANS [3]; Sarah KELSCHEBACH [4]; Theresia ZIMMERMANN [5]

[1,2,3] Westsächsische Hochschule Zwickau, Kornmarkt 1, D-08056 Zwickau
[1]Fakultät Gesundheits- und Pflegewissenschaften
susan.pelzecker@gmx.de

[2] Fakultät Automobil- und Maschinenbau
fabian.dietrich@fh-zwickau.de

[3] Fakultät Wirtschaftswissenschaften
sebastian.junghans@fh-zwickau.de

[4] Fachkräftenetzwerk OL gGmbH
Neusalzaer Str. 5, D-02625 Bautzen
sarah.kelschebach@fno-bautzen.de

[5] Bildungswerk der Sächsischen Wirtschaft gGmbH
Rudolf-Walther-Straße 4, D-01156 Dresden
theresia.zimmermann@bsw-mail.de

Kurzfassung Adaptive Lernmanagementsysteme (LMS) unterstützen organisationales Lernen, indem sie individuell zugeschnittene Lerninhalte bereitstellen und Kompetenzlücken identifizieren. Das vorliegende Scoping Review analysiert erforderliche technische und organisatorische Rahmenbedingungen sowie Herausforderungen bei der Implementierung adaptiver LMS in Unternehmen. Ergebnisse zeigen, dass KI-basierte Empfehlungsmodule, nutzerzentrierte Gestaltung und Einbindung des Managements essenziell sind. Adaptive LMS bieten Flexibilität, verursachen aber auch administrativen Aufwand, insbesondere bei der Pflege umfangreicher Kompetenzmodelle und Schulung der Mitarbeitenden.

Schlagwörter Adaptives Lernmanagementsystem (LMS), Organisationales Lernen, Kompetenzentwicklung, Digitale Weiterbildung

1. Hintergrund

Lernmanagementsysteme (LMS) dienen der Bereitstellung digitaler Lerninhalte und der Dokumentation von Lernprozessen, meist über Tests oder Fragebögen. Systeme wie Moodle sind insbesondere im Blended-Learning-Kontext etabliert (García-Murillo et al., 2020). Über klassische LMS hinaus adressieren Kompetenzmanagement-systeme (CMS) das organisationale Lernen, indem sie Wissensaufbau durch soziale Interaktion und Problemlösen fördern (Argote & Miron-Spektor, 2011). Organisationales Lernen wird dabei auf Mikro- und Makroebene betrachtet (Fiol & Lyles, 1985) und umfasst sowohl inkrementelle Anpassungen (Single-Loop Learning) als auch das Hinterfragen grundlegender Annahmen (Double-Loop Learning) (Argyris & Schön, 1978). Studien zeigen positive Zusammenhänge zwischen Lernkultur, Mitarbeiterzufriedenheit und Innovationsfähigkeit (Marsick & Watkins, 2003; Song et al., 2013). Digitale Lernformate erweitern diesen Prozess um orts- und zeitunabhängige, adaptive sowie personalisierte Lernmöglichkeiten (Chen & Bryer, 2012; Kyndt et al., 2009). Sie ermöglichen bedarfsgerechte Qualifizierung, stärken die Arbeitgeberattraktivität und unterstützen den kontinuierlichen Kompetenzerwerb (Chugh et al., 2017). Vor diesem Hintergrund erscheint eine systematische Analyse der Nutzung und Wirkung digitaler Lernsysteme im organisationalen Kontext besonders relevant.

2. Fragestellungen

Um das Ziel des Scoping Reviews zu erreichen, ist folgende Forschungsfrage leitend:

> Welche Funktionen und Anforderungen sollte ein adaptives Lernmanagementsystem (LMS) erfüllen, um organisationales Lernen in Unternehmen zu fördern?

Folgende Unterfragestellungen sollen weiterhin geprüft werden:

> Welche technischen Rahmenbedingungen müssen in Unternehmen geschaffen werden, um ein adaptives LMS effektiv einzusetzen?

Welche organisatorischen und personellen Voraussetzungen müssen gegeben sein, damit ein adaptives LMS erfolgreich implementiert und genutzt werden kann?

Welche Anforderungen ergeben sich für ein adaptives LMS im Kontext moderner Lern- und Arbeitswelten (z. B. digitale Lernmethoden)?

Welche konkreten Vorteile bietet der Einsatz eines adaptiven LMS für Unternehmen?

Welche Herausforderungen und möglichen Hemmnisse bestehen bei der Einführung und Nutzung eines adaptiven LMS in Unternehmen?

3. Methodik

Der Scoping Review folgt der Methode des Joanna Briggs Institute (JBI) und der PRISMA-ScR-Checkliste (Peters et al., 2020). Ziel ist es, vorhandenes Wissen zu adaptiven LMS systematisch zu erfassen, Konzepte und Forschungslücken zu identifizieren (Tricco et al., 2018). Grundlage bildet ein neunphasiges Rechercheprotokoll, das von der Zieldefinition über die strukturierte Evidenzdarstellung bis zur Ergebnissynthese reicht (Hirt J. & Nordhausen T., 2024).

3.1 Kontext und Studienpopulation

Einbezogen werden Studien zu adaptiven LMS in Unternehmen, unabhängig von Branche oder Betriebsgröße. Arbeiten mit Fokus auf den Bildungssektor werden ausgeschlossen (Siepmann, 2024). Es erfolgen keine Einschränkungen hinsichtlich geografischer, geschlechtsspezifischer, ethnischer oder anderer kontextueller Faktoren.

3.2 Konzept

Untersucht wird das Konzept des organisationalen Lernens. Dieses beschreibt die Fähigkeit von Organisationen, Wissen zu akquirieren, zu verarbeiten und zu verbreiten, um ihre Effektivität und Anpassungsfähigkeit an Veränderungen zu verbessern. Eine erweiterte Perspektive umfasst die kritische Reflexion und

Anpassung grundlegender Annahmen, Werte und Ziele, was tiefgreifende Verhaltensänderungen und Transformationen innerhalb der Organisation ermöglichen kann (Argyris & Schön, 1978). In diesem Kontext unterstützt ein LMS die Strukturierung und Verbreitung von Wissen und fördert so kollektive Lernprozesse, die Kompetenzen stärken und die Organisationsentwicklung vorantreiben (Garavan & McCarthy, 2008).

3.3 Studientypen und Evidenzquellen

Berücksichtigt werden deutsch- und englischsprachige Studien zu Funktionen, Anforderungen und Herausforderungen adaptiver LMS, unabhängig von Studiendesign oder Evidenzart, um ein möglichst breites Bild der Forschungslandschaft zu erhalten (Bundesanstalt für Arbeitsschutz und Arbeitsmedizin, 2014).

3.4 Suchstrategie

Zur Gewährleistung einer umfassenden Suchstrategie wurden veröffentlichte und unveröffentlichte Primärquellen, Übersichtsarbeiten sowie graue Literatur berücksichtigt. Die Recherche folgte einem dreistufigen Vorgehen (Elm et al., 2019). Zunächst erfolgte eine eingeschränkte Vorrecherche in Scopus und Web of Science, um relevante Titel und Abstracts sowie geeignete Schlagwörter zu identifizieren. Im zweiten Schritt wurde die Suche auf ScienceDirect und IEEE Xplore ausgeweitet. Abschließend wurden Referenzlisten gesichtet und gegebenenfalls Autoren kontaktiert. Die Suche nach grauer Literatur erfolgte über Google Scholar, ResearchGate und BASE. Berücksichtigt wurden ausschließlich Publikationen ab dem Jahr 2000, da LMS in Unternehmen vornehmlich ab Ende des 20. Jahrhunderts Einzug hielten (Nieswandt et al., 2019).

3.5 Studienauswahl und Datenextraktion

Alle nach den Einschlusskriterien ausgewählten Quellen werden in Citavi strukturiert erfasst sowie Dubletten identifiziert und entfernt. Die Bewertung der Literatur erfolgt durch Zweierteams unabhängiger Gutachtender anhand eines Leitfadens und umfasst Titel, Abstract und Volltext. Ein Pretest stellt die Zuverlässigkeit der Bewertung sicher. Die Sichtungsergebnisse werden systematisch tabellarisch dokumentiert, nicht eingeschlossene Quellen entsprechend aussortiert. Der Auswahlprozess wird narrativ beschrieben und mit einem Flussdiagramm visualisiert (siehe Abbildung 1). Die Darstellung folgt den PRISMA-ScR-Leitlinien (Tricco et al., 2018). Unstimmigkeiten werden im Team diskutiert oder durch Hinzuziehung einer dritten Person geklärt. Für die Datenextraktion wird ein angepasstes Formular verwendet, das u. a. Scoping-Details, Einschluss-/Ausschlusskriterien, Studiendesign und konzeptbezogene Inhalte umfasst (Elm et al., 2019). Kategorien und Tabellen können bei Bedarf angepasst werden. Ergebnisse werden stichpunktartig dokumentiert und narrativ zusammengefasst. Auch hier erfolgt ein Pretest zur Qualitätssicherung. Die Extraktion übernehmen Zweierteams von Gutachtenden. Die Darstellung erfolgt in Tabellenform und orientiert sich an Fragestellung und Zielen des Reviews. Abschließend werden die Ergebnisse im Hinblick auf die Funktionen adaptiver LMS im Unternehmenskontext diskutiert.

4. Ergebnisse

Für das Scoping Review werden insgesamt 25.902 Datensätze identifiziert (siehe Abbildung 1). Nach der Überprüfung können acht Treffer eingeschlossen werden, welche in der Kerninhaltstabelle gegenübergestellt sind (siehe Tabelle 1).

Folgende Kerninhalte konnten den eingeschlossenen Volltexten entnommen werden:

Grace und Butler beschreiben die Funktionen eines LMS am Beispiel von Saba Learning Enterprise™. Das System ermöglicht Kompetenzanalysen auf Mitarbeitenden- und Unternehmensebene, erfordert jedoch hohen administrativen Aufwand. Etwa die Pflege individueller Kompetenzmodelle für rund 20.000 Beschäftigte. (2005)

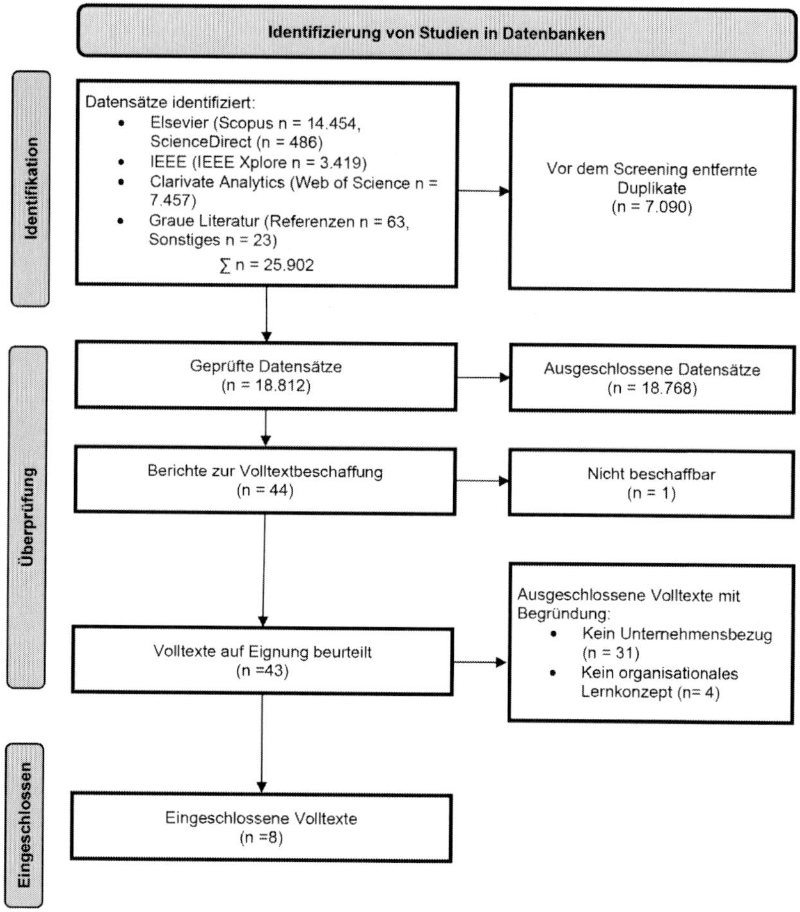

Abb. 4: *Flussdiagramm zur Studienauswahl (in Anlehnung an* Page et al., 2021).

Seda et al. entwickelten ein Open-Source-Tool zur adaptiven Unterstützung in der Cybersicherheitsausbildung. Es hilft Ausbildenden, Lernpfade entsprechend dem Leistungsstand von Lernenden gezielt anzupassen. (2022)

Hsiao et al. stellten ein kompetenzbasiertes Lernsystem für medizinische Fachkräfte vor. Es berücksichtigt unterschiedliche Nutzergruppen (Lehrkräfte, Verwaltung, Auszubildende) und setzt auf benutzerzentriertes Design, individualisierte Oberflächen und ortsunabhängiges Lernen. (2020)

Farrell et al. entwickelten ein System zur dynamischen Erstellung personalisierter Lernpfade. Lernende stellen aus modularen Inhalten individuelle Lernwege zusammen, die auf bereits vorhandenes Wissen aufbauen und kognitive Überlastung vermeiden. (2004)

Orth et al. präsentieren ein KI-gestütztes Weiterbildungskonzept für KMUs. Es verbindet strategische Unternehmensziele mit individuellen Skill-Profilen und nutzt ein Assistenzsystem zur passgenauen Empfehlung von Lernmodulen. Ziel ist eine höhere Anpassungsfähigkeit der Mitarbeitenden an Marktveränderungen. (2023)

Geng et al. untersuchten personalisierte Empfehlungssysteme im betrieblichen Lernen. Das entwickelte PLARS-System berücksichtigt individuelle Präferenzen und Kontexte, steigert die Lernmotivation und fördert arbeitsplatznahes Lernen. Nutzerbeteiligung und Feedback wurden als zentrale Erfolgsfaktoren identifiziert. (2020)

Morozevich et al. stellten ein KI-basiertes Modell zur Erstellung individueller Lernpfade vor. Diese orientieren sich an unternehmensspezifischen Entwicklungszielen sowie persönlichen Profilen der Mitarbeitenden und kombinieren Fach- und Soft-Skill-Entwicklung. Das Modell zeigt auch Potenzial für die Zusammenarbeit mit Hochschulen. (2022)

Orth et al. untersuchten gezielte Kompetenzentwicklung im Qualitätsmanagement auf Basis internationaler Standards (ISO 9001, EFQM). In einem Praxisbeispiel wurden mithilfe eines KI-gestützten Systems Skill-Gaps identifiziert und adaptive Lernpfade zur Qualifizierung der Mitarbeitenden entwickelt. Der Ansatz verbindet prozessorientierte Kompetenzmodelle mit digitalen Lernformaten. (2024)

Quelle	Studien-ort	Popu-lation	Studienziel	Eingesetztes Lern-managementsystem	Ergebnisse	Outcomes
Grace & Butler (2005) Literaturver-zeichnis Quelle [12]	USA	13	Besseres Verständnis der Funktionen eines LMS sowie dessen Rolle innerhalb eines Unternehmens.	Saba Learning Enterprise™.	Darstellung der zentralen Rolle/Funktionen eines LMS sowie der Herausforderungen bei dessen Integration in eine Organisation.	Die Einführung eines LMS benötigt in Abstimmung mit den Geschäftszielen einen konkreten Fahrplan für die formale Migration der Mitarbeitenden auf das System.
Seda et al. (2022) Literaturver-zeichnis Quelle [23]	Schweden	19	Entwicklung eines Tools zur Verbesserung von praktischen Cybersecurity-Schulungen mit Hilfe von adaptiver Lernunterstützung.	Das entwickelte Open-Source-Tool wurde in die KYPO CRP Plattform integriert.	Darstellung des Designprozesses für die Erstellung adaptiver Schulungen sowie Entwicklung eines Tools, dass die richtige Einrichtung des adaptiven Trainings überprüft.	Bei adaptiv gestaltbaren Ausbildungsaufgaben sollten die Lernziele in einzelne Teilbereiche aufgeteilt werden.
Hsiao et al. (2020) Literaturver-zeichnis Quelle [14]	Taiwan	117	Entwicklung eines kompetenzbasierten elektronischen Plattformsystems, das Assistenzärzten klinische Beurteilungen und Lerninhalte zur Verfügung stellt.	CBLAS (competency-based learning and assessment system) Eigenentwicklung.	Design und Entwicklung eines adaptiven LMS für drei unterschiedliche Nutzergruppen.	Reduzierung des Cognitive Load durch Verwendung individueller Benutzeroberflächen innerhalb des adaptiven LMS.
Farrell et al. (2004) Literaturver-zeichnis Quelle [7]	USA	114	Entwicklung eines Systems, das automatisch individualisierte Lernpfade aus einer Sammlung von XML-Webressourcen generiert.	Eigenentwicklung.	Dynamic Assembly wurde als Teil eines Custom Course Systems entwickelt und implementiert. Das System ermöglicht den Lernenden, ihre eigenen Lernpfade aus modularen Lernobjekten nach Bedarf zu generieren	Dynamic Assembly erreicht ein höheres Maß an Skalierbarkeit als typische generative Hypermedia-Ansätze und ist gleichzeitig kostengünstiger in der Entwicklung.
Orth et al. (2023) Literaturver-zeichnis Quelle [20]	Deutsch-land	30	Integrative Kompetenzentwicklung auf Basis von personalisierten Weiterbildungskonzepten.	Peers Solutions GmbH Skill Management Software.	LMS etabliert, Karriereframework aus Rollenprofilen abgeleitet, Etablierung individueller Lernpfade für versch. Aufgabenbereiche, Schema zur Abfolge der Implementation adaptiver LMS.	Definition sowie Ermittlung von SOLL- und IST-Zustand des Skilllevels (Skill-Gap-Assesment" von zentraler Bedeutung.
Geng et al. (2020) Literaturver-zeichnis Quelle [11]	China	60	Integration und Evaluation eines adaptiven LMS in einem Unternehmen des produzierenden Gewerbes.	PLARS und OLSS Eigenentwicklung.	Quantitative Daten zu den Effekten adaptiver Lernsysteme, Vertrauen und Verständnis der Nutzer essenziell, schematischer Aufbau eines adaptiven LMS inkl. Feedback-Loop, jeder Anwendungsfall muss individuell beurteilt werden.	Ganzheitliche Betrachtung von Unternehmen und Nutzenden notwendig, subjektive und objektive Messungen zur richtigen Evaluation eines LMS notwendig.
Morozevich et al. (2022) Literaturver-zeichnis Quelle [17]	Russland	-	Integration von maschinellem Lernen in den Lernprozess.	-	Maschinelles Lernen steigert Effizienz und Genauigkeit von Content Empfehlungen, genaue Beurteilung von persönlichen und organisationalen Präferenzen und Zielen notwendig.	Integration von maschinellem Lernen sowie neuronalen Netzen und KI gestalten den Lernprozess effizienter mit resultierenden Vorteilen für Mitarbeitende und Unternehmen.
Orth et al. (2024) Literaturver-zeichnis Quelle [19]	Deutsch-land	20	Systematische Kompetenzentwicklung aus Perspektive des Qualitätsmanagements.	-	Schemata für die Schritte der Erfassung der Unternehmensziele bis zur Kompetenzmatrix einzelner Tätigkeitsfelder inkl. Wichtung.	Einführung eines adaptiven LMS ist ein mehrteiliger Prozess der primär guten Kenntnisse des Unternehmens sowie dessen Mitarbeiter und den jeweiligen Präferenzen voraussetzt.

***Tabelle 1:** Zusammenfassung der Kerninhalte.*

5. Ergebnisdiskussion

Adaptive LMS ermöglichen eine bedarfsgerechte Bereitstellung von Lerninhalten, die an das individuelle Leistungsniveau der Nutzenden angepasst sind (Farrell et al., 2004; Geng et al., 2020; Grace & Butler, 2005; Seda et al., 2022). Über personalisierte Benutzeroberflächen reagieren sie flexibel auf unterschiedliche Lernkontexte (Geng et al., 2020; Hsiao et al., 2020). Zudem unterstützen sie die Analyse von Kompetenzniveaus und das gezielte Schließen von Kompetenzlücken (Grace & Butler, 2005; Morozevich et al., 2022). Ein weiterer Vorteil ist die orts- und zeitunabhängige Teilnahme an Lernprozessen (Hsiao et al., 2020). Für den erfolgreichen Einsatz sind geeignete technische und organisatorische Rahmenbedingungen erforderlich. Neben der Entscheidung für eine passende Softwarelösung ist insbesondere die Integration von KI-gestützten Empfehlungssystemen und Tools zur Kompetenzmessung empfehlenswert. Diese sollten über ein zentrales Datenbanksystem mit bestehenden Strukturen verknüpft werden. (Geng et al., 2020; Morozevich et al., 2022; Orth et al., 2023) Zentral für die Implementierung ist die Unterstützung durch das obere Management, beispielsweise durch die Benennung einer verantwortlichen Person (Grace & Butler, 2005). Ebenso bedeutsam ist die nutzerzentrierte Gestaltung und die Ausrichtung an strategischen Unternehmenszielen (Hsiao et al., 2020; Orth et al., 2023). Die Nutzung standardisierter Klassifikationen wie ESCO (European Skills, Competences, Qualifications and Occupations) kann dabei helfen, Kompetenzprofile systematisch zu strukturieren und Lernpfade abzuleiten (Orth et al., 2023). Adaptive LMS bieten Unternehmen ein hohes Maß an Flexibilität und ermöglichen eine gezielte Personalentwicklung, insbesondere durch die kontinuierliche Bewertung von Kompetenzen (Grace & Butler, 2005; Morozevich et al., 2022). Auch Ausfallzeiten lassen sich effektiv für Weiterbildung nutzen. Die Einführung bringt jedoch Herausforderungen mit sich. Die Pflege umfassender Kompetenzmodelle ist ressourcenintensiv, ebenso wie die Überführung bestehender Trainingsformate und die Schulung der Mitarbeitenden. Entsprechende personelle und zeitliche Kapazitäten sollten daher frühzeitig eingeplant werden (Grace & Butler, 2005).

6. Fazit für die Praxis/ Schlussfolgerung

Die Ergebnisse dieses Scoping Reviews verdeutlichen die Relevanz adaptiver LMS für die Förderung organisationalen Lernens. Sie wirken sich positiv auf Unternehmens-erfolg, Innovationsfähigkeit und Mitarbeiterzufriedenheit aus. Entscheidend für den praktischen Nutzen ist eine Implementierung, die sowohl individuelle Lernbedarfe als auch betriebliche Zielsetzungen berücksichtigt. Für eine erfolgreiche Einführung sollten zentrale Funktionen wie personalisierte Lernpfade, die Ermittlung von Kompetenzständen und eine flexible Anpassbarkeit gezielt eingesetzt werden. Neben technischen Voraussetzungen sind auch organisatorische Rahmenbedingungen zu prüfen. Die Einbindung des Managements sowie eine nutzerorientierte Umsetzung gelten als zentrale Erfolgsfaktoren.

Das Projekt PerspektiveArbeit Lausitz bietet Unternehmen praxisnahe Unterstützung. Verfügbar sind kostenfreie Leitfäden zur Auswahl und Bewertung von Lernmanagementsystemen, Materialien zur Erstellung von Bildungsinhalten sowie Unterlagen für betriebliche Befähigerschulung. Diese Angebote können unter https://pal.webspace.tu-dresden.de/ abgerufen werden und helfen dabei, adaptive LMS zielgerichtet einzuführen und die Wettbewerbsfähigkeit nachhaltig zu stärken.

Literatur

1. Argote, L. & Miron-Spektor, E. (2011). *Organizational Learning: From Experience to Knowledge. Organization Science, 22(5), 1123–1137. https://doi.org/10.1287/orsc.1100.0621*
2. Argyris, C. & Schön, D. A. (1978). *Organizational learning: A theory of action perspective.* Addison-Wesley.
3. Bundesanstalt für Arbeitsschutz und Arbeitsmedizin. (2014). *Leitfaden für die Erarbeitung von Scoping Reviews: Projektteam „Psychische Gesundheit in der Arbeitswelt“.* https://www.baua.de/DE/Forschung/Projekt-Psychische-Gesundheit-in-der-Arbeitswelt/pdf/Leitfaden-Scoping-Reviews.pdf?__blob=publicationFile&v=2
4. Chen, B. & Bryer, T. (2012). Investigating instructional strategies for using social media in formal and informal learning. *The International Review of Research in Open and Distributed Learning, 13*(1), 87 f. https://doi.org/10.19173/irrodl.v13i1.1027
5. Chugh, R., Ledger, S. & Shierlds, R. (2017). Curriculum Design for Distance Education in the Tertiary Sector. *Turkish Online Journal of Distance Education, 18*(2), 4 f. https://doi.org/10.17718/tojde.306552

6. Elm, E. von, Schreiber, G. & Haupt, C. C. (2019). Methodische Anleitung für Scoping Reviews (JBI-Methodologie) [Not Available]. *Zeitschrift fur Evidenz, Fortbildung und Qualitat im Gesundheitswesen*, *143*, 1–7. https://doi.org/10.1016/j.zefq.2019.05.004

7. Farrell, R. G., Liburd, S. D. & Thomas, J. C. (2004). Dynamic assembly of learning objects. In S. Feldman, M. Uretsky, M. Najork & C. Wills (Hrsg.), *Proceedings of the 13th international World Wide Web conference on Alternate track papers & posters - WWW Alt. '04* (S. 162–169). ACM Press. https://doi.org/10.1145/1013367.1013394

8. Fiol, C. M. & Lyles, M. A. (1985). Organizational Learning. *The Academy of Management Review*, *10*(4), 803 f. https://doi.org/10.2307/258048

9. Garavan, T. N. & McCarthy, A. (2008). Collective Learning Processes and Human Resource Development. *Advances in Developing Human Resources*, *10*(4), 451–471. https://doi.org/10.1177/1523422308320473

10. García-Murillo, G., Novoa-Hernández, P. & Rodríguez, R. S. (2020). Technological Satisfaction About Moodle in Higher Education - A Meta-Analysis. *IEEE Revista Iberoamericana de Tecnologias del Aprendizaje*(15 (4), 281–290. https://doi.org/10.1109/RITA.2020.3033201

11. Geng, S., Tan, L., Niu, B., Feng, Y. & Chen, L. (2020). Knowledge recommendation for workplace learning: a system design and evaluation perspective. *Internet Research*, *30*(1), 243–261. https://doi.org/10.1108/INTR-07-2018-0336

12. Grace, A. & Butler, T. (2005). Beyond Knowledge Management. *Journal of Cases on Information Technology*, *7*(1), 53–70. https://doi.org/10.4018/jcit.2005010104

13. Hirt J. & Nordhausen T. (2024). *Rechercheprotokoll für eine systematische Literaturrecherche.* https://refhunter.org/research_support/rechercheprotokoll/

14. Hsiao, C. T., Chou, F. C. C., Hsieh, C. C., Chang, L. C. & Hsu, C. M. (2020). Developing a Competency-Based Learning and Assessment System for Residency Training: Analysis Study of User Requirements and Acceptance. *Journal of medical Internet research*, *22*(4), e15655. https://doi.org/10.2196/15655

15. Kyndt, E., Dochy, F., Michielsen, M. & Moeyaert, B. (2009). Employee Retention: Organisational and Personal Perspectives. *Vocations and Learning*, *2*(3), 195–215. https://doi.org/10.1007/s12186-009-9024-7

16. Marsick, V. J. & Watkins, K. E. (2003). Demonstrating the Value of an Organization's Learning Culture: The Dimensions of the Learning Organization Questionnaire. *Advances in Developing Human Resources*, *5*(2), 132–151. https://doi.org/10.1177/1523422303005002002

17. Morozevich, E., Korotkikh, V. & Kuznetsova, Y. (2022). The development of a model for the personalized learning path using machine learning methods(2 Vol 16), 21–35. https://bijournal.hse.ru/en/2022--2%20Vol%2016/670746381.html

18. Nieswandt, M., Geschwill, R. & Zimmermann, V. (2019). Computerbasiertes Lernen: die Fehler in der Vergangenheit. In M. Nieswandt, R. Geschwill & V. Zimmermann (Hrsg.), *EdTech in Unternehmen: Lernen als Schlüssel für Innovation und Wachstum in Zeiten der Digitalisierung* (S. 17–29). Springer Gabler Wiesbaden.

19. Orth, R., Kretschmer, M., Singer-Coudoux, K. & Schmid, R. (2024). Vom prozessorientierten Qualitätsmanagementsystem zum adaptiven Lernpfad. *Zeitschrift für wirtschaftlichen Fabrikbetrieb : ZWF*, *119*(4), 199–204. https://doi.org/10.1515/zwf-2024-1047

20. Orth, R., Singer-Coudoux, K. & Peschl, M. (2023). KI-unterstützte Weiterbildungskonzepte für den Mittelstand. *Zeitschrift für wirtschaftlichen Fabrikbetrieb*, *118*(10), 665–669. https://doi.org/10.1515/zwf-2023-1136

21. Page, M. J., McKenzie, J. E., Bossuyt, P. M., Boutron, I., Hoffmann, T. C., Mulrow, C. D., Shamseer, L., Tetzlaff, J. M., Akl, E. A., Brennan, S. E., Chou, R., Glanville, J., Grimshaw, J. M., Hróbjartsson, A., Lalu, M. M., Li, T. Loder, E. W., Mayo-Wilson, E., McDonald, S., McGuinness, L. A., . . . Munn, Z. (2021). The PRISMA 2020 statement: an updated guideline for reporting systematic reviews. *BMJ*, *372*, n71. https://doi.org/10.1136/bmj.n71

22. Peters, M., Godfrey, C., McInerney, P., Munn, Z., Tricco, A. C. & Khalil, H. C. (2020). Chapter 11: Scoping Reviews (2020 version). In Aromataris E. & Munn Z. (Hrsg.), *JBI Manual for Evidence Synthesis* (S. 407–452). https://doi.org/10.46658/JBIRM-20-01

23. Seda, P., Vykopal, J., Celeda, P. & Ignac, I. (2022). Designing Adaptive Cybersecurity Hands-on Training. In IEEE Frontiers in Education Conference (Hrsg.) (S. 1–8). IEEE. https://doi.org/10.1109/FIE56618.2022.9962663

24. Siepmann, F. (2024). *eLearning BENCHMARKING Studie: Teilstudie. Digitales Lernen in der betrieblichen Bildung.* https://www.elearning-journal.com/wp-content/uploads/2024/09/eLJ_BMS2024_Digitales-Lernen_final.pdf

25. Song, J. H., Chermack, T. J. & Kim, W. (2013). An Analysis and Synthesis of DLOQ-Based Learning Organization Research. *Advances in Developing Human Resources*, *15*(2), 222–239. https://doi.org/10.1177/1523422313475995

26. Tricco, A. C., Lillie, E., Zarin, W., O'Brien, K. K., Colquhoun, H., Levac, D., Moher, D., Peters, M. D. J., Horsley, T., Weeks, L., Hempel, S., Akl, E. A., Chang, C., McGowan, J., Stewart, L., Hartling, L., Aldcroft, A., Wilson, M. G., Garritty, C., . . . Straus, S. E. (2018). PRISMA Extension for Scoping Reviews (PRISMA-ScR): Checklist and Explanation. *Annals of internal medicine*, *169*(7), 467–473. https://doi.org/10.7326/M18-0850